近代名人文库精粹

文库精粹

章太炎 邹容

章太炎 邹容 ⊙ 著

陕西新华出版
太白文艺出版社·西安

图书在版编目（CIP）数据

近代名人文库精粹. 章太炎 邹容 / 刘东主编；章太炎，邹容著. -- 西安：太白文艺出版社，2017.10（2024.5重印）

ISBN 978-7-5513-1294-3

Ⅰ. ①近… Ⅱ. ①刘… ②章… ③邹… Ⅲ. ①章太炎（1869-1936）—文集②邹容（1885-1905）—文集 Ⅳ. ①Z425

中国版本图书馆CIP数据核字(2017)第237425号

近代名人文库精粹：章太炎　邹容
JINDAI MINGREN WENKU JINGCUI：ZHANG TAIYAN　ZOU RONG

著　　者	章太炎　邹　容
主　　编	刘东
责任编辑	荆红娟　姚亚丽
封面设计	揽胜视觉
版式设计	刘兴福
出版发行	太白文艺出版社
经　　销	新华书店
印　　刷	三河市嵩川印刷有限公司
开　　本	700mm×960mm　1/16
字　　数	185千字
印　　张	12
版　　次	2017年10月第1版
印　　次	2024年5月第2次印刷
书　　号	ISBN 978-7-5513-1294-3
定　　价	46.80元

版权所有　翻印必究
如有印装质量问题，可寄出版社印制部调换
联系电话：029-81206800
出版社地址：西安市曲江新区登高路1388号（邮编：710061）
营销中心电话：029-87277748　029-87217872

目录 Contents

章太炎

杂 文

变法箴言 ………………………………………… 3
译书公会序 ……………………………………… 15
弭兵难 …………………………………………… 19
解辫发 …………………………………………… 23
定版籍 …………………………………………… 26
《革命军》序 …………………………………… 31
驳康有为论革命书（节选） …………………… 34
狱中答《新闻报》 ……………………………… 42
狱中与威丹唱和诗 ……………………………… 44
东京留学生欢迎会演说辞 ……………………… 46
《洪秀全演义》序 ……………………………… 53
《汉帜》发刊序 ………………………………… 54
排满平议 ………………………………………… 55
熊成基哀辞 ……………………………………… 61
驳建立孔教议 …………………………………… 62
非所宜言 ………………………………………… 65
告癸丑以来死义诸君文 ………………………… 68

祭维新六贤文 70
祓三厉文 72
哀山东赋 74

诗 篇

杂感（一） 75
梁园客 76
西归留别中东诸君子 76
狱中赠邹容 77
狱中闻沈禹希见杀 77
孙逸仙题词 77
杂感（二） 78
广宁谣 78
长歌 79
时危 79
孤儿行 80
艾如张董逃歌 81
鸤鹊案户鸣 为刘道一作也 83
东夷诗十首 83
感旧 85
赠吴君遂 85
狱中闻湘人某被捕有感 86
狱中和威丹 86
癸丑长春筹边 86
自岭海南行抵阇婆 87
黑龙潭 87
自毕节赴巴留别唐元帅二首 87
巴歈 88

佛 学

论佛法与宗教、哲学以及现实之关系 89

答铁铮 ………………………………………… 98
无神论 ………………………………………… 103
建立宗教论 …………………………………… 109
人无我论 ……………………………………… 121
五无论 ………………………………………… 129

书　信

致曹聚仁 ……………………………………… 140
致马宗霍 ……………………………………… 142
致人论文书 …………………………………… 143
致康有为 ……………………………………… 145
致袁世凯 ……………………………………… 154
致邓实 ………………………………………… 155
致吴稚晖 ……………………………………… 156

邹　容

革命军 ………………………………………… 161

章太炎

作者简介

章太炎（1869—1936） 初名学乘，字枚叔，后改名绛，号太炎，浙江余杭人。近代政治家、学者、散文家。曾因倡导维新运动被通缉，流亡日本。后因为邹容《革命军》作序，被捕入狱。出狱后，孙中山迎至日本，参加同盟会，主编《民报》，以诗文鼓吹革命。早期作品具有秦汉以至唐宋时文风。后期写有大量政论、时评文章，以广博深厚的学识为基础，内容翔实，词锋锐利，风格瑰丽。诗作多为五言，一些古体诗取法汉魏乐府而文词古奥。在文学、历史学、语言学等方面都有贡献。著述有《章氏丛书》《太炎文录》《太炎文录续编》等。

杂 文

变法箴言

【原文】

孙灏与章炳麟见于分江之滨，炳麟方读《管子》及《佐治刍言》，魂精泄横，恎然似非人。孙灏曰："自马关之盟，士气振动，至于今三年，与民变革，宜得一二成就。今吾观子之色，一似重有戚者，何也？"章炳麟喟然而长息曰："呜呼！大波将激，大火将燃，而无忧怖者，其人情乎哉？彼老子有言曰：'抗兵相加，哀者胜矣。'非独兵也，庶事莫不然。雪霜既降，枝叶既凋，而根荄不枯于下，惟哀是赖。粤、捻之乱，曾、胡哀者也；热河之狩，恭亲王哀者也。往者士大夫不思经世之业，而沾沾于簿书期会，以为大故，震荡回薄，以有今日。此上无所以哀下民，使无佚乐。故议变法者，吾党之责也，方喔偊而道之。今吾观于瑰意琦行之士，则有二病焉：华妙云乎，狞暴云乎。其病虽异征，皆中于不弘毅，成于不哀。己之不变，其奚能变人？吾是以有大戚也。"曰："其病何如？"遽数之，不能终其物；悉数之，请更仆以尽终始：

"创巨而痛深者，宜专精厉意，审所以改弦更张，至人无余思则止。吾悲夫华妙之子，耻功利以为不足邵，而骛心于教之流别，必假贷于浮屠氏，以为宠灵。浮屠氏之书，吾无訾謷焉。龙池、须弥，吾据之足以考地望；夜叉、阿修罗，吾据之足以辨种族。其近实者，九能之士固将有事焉尔；其深微渊眇，知帝之悬解，而不剀切于民事，张弛之义，宜有所先后。且今之世，末法世也，浮屠之运，神歇灵绎，贤劫未尽，弥勒未出世。虽有圣哲，固无以昌明其教。而徒费日损功以自游衍，日睹闻百姓之啼号宛转而欲以空言济之也，魏、晋人之清言其复见矣。大儒之处世，言无取窕，事无取厹大，苟有可用，虽跖之粘牡，越人之不龟手，方伛偻以承之。若其无用，蛮蓬之问，不在所宾。其说虽涵元气入无间，无所过而问。方今疆圉日棘，黔首罹瘝，愚贱者无计虑，而酖毒之晏安，仕宦之子

则择利便，据形势，置齐州不恤。务得趣死不顾之人以振之，患犹可弭。志果忧天下，宜憔悴竭思，斟酎西法，则而行之，展布四体，以冀豪毛之益。今不攻坚石而攻玉屑，不宝周鼎而宝五石之瓠，悲夫！"

"昔明之季，尝以谈禅为荣矣。志节虽盛，而其气皆窳，无能济变。其贤者则以王之厨馔、嫔御腥螋膻恶而不可近，而视天下事若尘垢；不贤者则藉巧说琦词以为名高。至于敌情之狡诈，兵力之盛衰，地形之险易，蓄藏之充虚，一切不省。渡江而东，不能居一岁，再亡于闽，三亡于缅甸，夫敦任之咎也。今志节远不逮明人，而循其谈禅之轨，则士气愈委靡，民志愈涣散，求再亡三亡而不可得，而暇变法乎哉？

"乳犬之攫虎，伏鸡之搏狸，精诚至矣，而人以为大愚。气球之初举，过十里则毙；南孙求北极，几葬坚冰，亦琐材而任重者也。虽然，以墨子视之，则骜杰矣。变法者，非口说也，必躬自行之；躬自行之而不可济，必赴汤火冒白刃以行之。古者改制度、定文章，必乘鱼刘之后。方日本之议尊攘，忤大将军意，逮系数百，断项绝胫，而气不少衰。至于书生剑客，慷慨国事，竞为诡激，横刀曰攘夷，撅裤曰脱藩，一言及尊攘，切齿扼腕，斥当轴为神奸，而笑悼老成宿儒之畏懦，悲歌舞剑，继以泣涕，辗转相效，为一世风尚。惧有株连，复自称浮浪以免其藩主，其气之雄毅与心之苦如此。卒使幕府归政，四邻不犯，变更法度，举错而定。当其赴汤火、冒白刃，固不意此。如斯人者，将求之不得也，虽枯槁不舍也，烈士也夫！今吾中国之变法，无刀锯之迫、汤镬之危，其易于日本也，不知其几千伯倍蓰。所求于士大夫者，惟劳其心力耳。彼力者，功所以成，疢疾所以去。昔陶文毅以转漕之弊，欲有变革，众议俶张，以全力抵拒之，而后立海运之基。曾文正欲裁绿营，当是时乘其疲极，去之如摧枯拉朽也，持之不定，营制不变，贻害至今。夫以二公之勋德，犹视此为成败，何有于末吏处士？当今之世，任变法者，吾未见其有面目黧黑、窍气不通者也；争变法者，吾未见其有面折廷净、千人皆靡者也。嗟乎！人所以事事，赖此锐气与股肱之勤耳。今气苶矣，上焉豪杰之不任，而举宗稷之重，付之脂韦突梯之徒；下焉有志之士又稍稍娱乐于禅学，以日销其骨鲠，殆夫，殆夫！守故之不给，其焉能变？斯颜习斋、李刚主之徒所为流涕而道者也。

"如向所言，吾以规夫有志之士而遁匿于佛者。若夫骏特俶傥，有雄毅之气，果于独断，坚于力行，则其病又不在是，曩者言猝暴是已。彼见西法之效，以为驰骋上下，无曲折可以径行也，又取夫后王之政，而暴施于百年以前也。夫是故见弹而求鸮炙，见卵而求时夜，遽不可待，其卒也鸮、鸣鸡不可得，并与其弹与卵而失之。而遂以求之为非计，则盍慎其所发矣？昔者中国乾、嘉之际，欧洲列国严刑厚敛，民不聊生，拿破仑出而更之，播及邻国，皆厥角稽首，若弟子之受命于先师，非甚难也。然而英之更制也，公举议员，则世族阻之；免他国商税，则富贾阻之，船户阻之；放行进口粮食，则业田者阻之；宽待佣作，则厂主阻之；禁买黑奴，则豪右阻之。哗讼三十年，然后大定。中国自通商以来，更岁五十而赢矣，召彼故老而询之开矿筑路，犹愀然以为伤地脉。其他曲制时举，有造于廿二行省，独不利于数千百人者，不可偻指数也。是其难行也，又非直伤地脉之比也。故措置一失，而怨蘁从之，若学堂是矣。夫讲业之地，一废而一起，均之以教学士，使廪假于县官，士何独怨？则失之者先入，而得之者后入尔。怨蘁之既作，其荐绅鸣玉而为朝官者，复听其亵言以阻之，则吾事不成。吾意虑事之始，宁更调数万缗，以为兴造之本，无拂其故有者而成其故无者，则人不吾阻，其规摹亦可以闳廓。更一二年，向之怨蘁者闻其风气而知其臭味，且艳之慕之，惟恐吾之不兼并之矣，则下令如流水，而规摹益闳廓深远尔。是故名实未亏，而喜怒为用，权术然也。彼变法而无权，不知决塞，不晓计数，则不足以定大功。叔敖高门闾而民皆改其库车，吾将奉之以为变法之师。

"若夫后王之政，未遭百六阳九，而于今日望之，一则晞民主，一则张议院，此无异于行未三十里而责其百里也。今夫民主，至公也，《尚书》始《尧典》，序以禅让；《春秋》崇五始，而隐元不书即位，圣人之情见乎词矣。然而据乱行之，则以适治；据治行之，则以适乱。剥挠之既极，君子险哀，鸟兽虫蛾无得遂其生，于是有民主焉，以苏民困，以卫华夏，吾跷足须之矣。当今日而议之，其议果行，则域内抢攘，流血漂卤。幸为拿破仑，夫固靡烂其国土，荼毒其吏民，百年然后复也；不幸而为东学党，则束缚狝杀我者，且非吾之同类。驰说者耀华盛顿而忘法与朝鲜之祸，将并忘夫华盛顿之在美洲欤？于不毛之土，剪除榛薄，始奠天地。其功若女娲、燧人，杀黑龙而积芦灰也。当是时，民非斯人。固无所戴矣。斯人者出令而创民主，民固无所竞矣。然三十年以来，林肯遭弑，嘉飞遭弑，贼杀之狱两见。其置君若奕旗，其屠君若割牺。幸独处一洲，民无溃志，邻国无窥伺，不至于废易坠亡。今行之于中国，行之于无妄之未见，则内以便蚩尤、刑天，而外以便殊族。民之无辜并其臣仆矣，欲大同得乎？其次议院，《周礼》掌之司寇，而齐有稷下。逮及末世，傀傫之言多，欲恶、

始终、远近、博浅莫不为蔽。有杂家者流出，兼陈万物而县之衡，则九流莫不为用。县衡者不定，法之左党、右党，美之合众、共和，更相克伐，五德代胜矣。往者南北美利加之战，徒以禁买黑奴，启衅于违言也。今泰西会党票忽劲疾，横行无所忌，惟德人稍愿悫，然威良第四尝下诏予民权，军垒反筑于王宫之外。俾斯麦知其难驯也，稍稍抑议员，使无噂沓。俄罗斯之悍，噤民不言，故入则心非，出则巷议，人善其所私学，以非上之所建立，其议不如其默也。我朝康熙、雍正间，数有廷议，推行其法，使翰林科道皆得坐论，斯可矣。若骤付其议于处士，不搏击不餍。昔许慈、胡潜之争，蜀先主戏之以刀仗相屈，而李天生乃拔剑以斫西河。彼其所议，仪注与音韵耳，犹寻其仇忿如是，况于国政？且其为言也，守故而迂，求新而妄诞，其持之未有故，其言之未能成理，使听者眩于名实，愦眊不渫，则发政益濡缓无期会，而祸本以成，吾未知其愈于今日也。然则学堂未建，不可以设议院；议院未设，不可以立民主。事势之决塞必有先后，皆出于几。自有地球三十九期以来，石刀、铜刀、铁刀之变，非由政令发征，而民靡然从之，其几迫也。圣人者，因其几而导之入，故举无不起，废无不坠。今也，骏特俶傥之士，丁时未至，盱衡厉色，悍然而为之，志固不遂，且危其身矣。病华妙者，吾惧其不以身殉也；病猝暴者，吾又惧其妄以身殉也。何者？人固有一死，死或重或轻，视其所趣。故摩顶放踵以拯生民之陆沉，前者踣，后者继，百挫而无反顾，终以集事，斯其死重于泰山者，日本之议尊攘是也。四百兆人所未达，天时所未蔇，怀抱孤愤，出身以任之，万死无所悔，或方命圮族而大为民物害，其身既死，其名亦因以败裂，使世人反以其事为惩创，后虽有哲人，不敢继踵。是其为也，乃适如以狸致鼠，以茹鱼去蝇也。愈举愈坠，愈废愈起，死无益于事，而适以损之，则鸿毛之轻已。嗟呼！祸福之说，成败之效，豪杰所不言，既环天下而号之曰国士，则必为天下惜死。谢安以讦谟定命、远犹辰告重雅人，无他，审于变法之先后也。

"民不知变，而欲其速化，必合中西之言以喻之。喻人之术，横说之则以《诗》《书》《礼》《乐》，纵说之则以《金版》《六弢》。其一曰宙极之史，其一曰六合之成事。人莫信其觳觫阔略之声而信其目睹，是故陈古而阁，不如道今；有独喜其觳觫阔略之声者，与道今而不信，则又与之委蛇以道古。故合中西之言以喻民，斯犹慈石之引铁，与树之相近而靡也。往者梅定九、戴东原、阮文达之徒，常以算学通中外，故二百年以来，虽极党同妒真之士，无以西算为诟厉者。自瀛海论作，而又知声光电化之学。其原亦具于周、秦诸书也，其过者以为欧人之艺，皆祖祢亚洲，比于伯宗之攘善，斯稍稍夸谀矣。人之智慧，无东西朔南一也，鼓宫宫动，鼓角角应，闭门而造车，出则轨合，以为相应相合则可矣。以为人之长技皆出于我，则适以助学者之虚忬自满也。虽然，赖是以羑之，使人善入，譬中西之学为异质，而是为其粘摄力。今夫以苍璧小玑与人而人不喜，其邻父老曰：是若祖父某年陈于某室者也，则虽知其言之觏挐阔略，而固以为得之为喜，何者？喜复故物也。今著书之邻父老也存，虽忿怼于新法者，亦讴歌而乐之，竭蹶而趋之矣。精其术，平其词，是化民之至神者也。嗟夫！骏特傲伣之士果于独断、坚于力行者，有悟于此，可以得变法之权矣。"

章炳麟又曰："吾读《管子》，至《侈靡》，尝默识其词，至'中国之草木，将有移于不通之野者，妇人为政，而铁之重反旅金'，则竦然而流汗曰：'是何古之睿圣哲人，不视图谶而能知百世以后也。'自今而往，苟有中寿者，当见其变之究矣。虽然，既乱易治也，既治易守也。若夫疆萎未亏，人民未变，鬼神未忘，水土未绌。糟者犹糟，实者犹实，玉者犹玉，血者犹血，酒者犹酒，而文武恬熙，举事无实，枭狐窃柄，天与之昏，是为大乱之将作，而不得比于大乱之既成。于斯时也，是天地闭、贤人隐之世也。虽然，目睹其肢体骨肉之裂而不忍，去之而不可，则惟强力忍訴以图之。余，浙之贱氓也，生又羸弱，无骥骜之气、鸿鹄之志，其然亦尝有所向矣。虽微踔逸，犹憯凄忉怛，悲世之不淑，耻不逮黄帝而哀不已者也。窃闵夫有志之士之玩愒于佛也，其力行者又举事而棼其绪也。以为如是则终已不得变而之治。故与子道其二病，且以自箴，且以箴天下。揽其要略，惟哀足以成事，虽有智者果者，不哀则败。三十年以往，有何桂清，十年以往，有张佩纶，言谈最贤，亦时有中要领者，而祸败若是，是可鉴矣。鉴于是二子，变者千端而或有什一之成；不鉴于是二子，冒没轻儳，其势无疑止，虽有中寿，犹不获睹天下之治也。虽然，吾知其莫能鉴也。于斯时也，是天地闭、贤人隐之世也。吾不能为狂接舆之行吟，吾不能为戴安道之破琴，吾流污于后世必矣。"

【译文】

孙灏与章炳麟在分江之滨相见，炳麟正在读《管子》和《佐治刍言》，精神震动巨大，因畏惧而面目全非。孙灏问："自从马关缔约之后，国内人士群情激动，至今三年了。他们和百姓一起变革，应该有些成就了。现在我看你的气色，完全是忧虑深重的样子，为什么呢？"章炳麟喟然长叹：

"唉！在大水将要泛滥，大火将要蔓延的时候，而没有忧虑、恐惧，那合乎人情吗？老子曾经说过：'两支军队的力量相当，悲愤的一方就会获胜'。其实不只是打仗，万事莫不如此。就树木来说，霜雪已降，枝叶凋落，而下面的根不枯死，也仅仅是依靠的这种悲愤之气。太平军、捻军之乱，曾、胡是悲愤的一方；热河事变，弃宫出逃，恭亲王是悲愤的一方。过去士大夫不考虑治世的大业，而只满足于官府的一些文书事务，把这当成大事，世事变动，到了今天这种情况。这是上天使下民感到忧悲，不敢安于享乐。所以议论变法，是我们这些人的责任，我们将把梗在喉中的话慢慢道来。现在我看那些言行奇特的人士，他们有两种毛病：一是华而不实，一是急促粗鄙。这两种毛病虽然表现不同，却都是由于性格不刚强果断，内全心不存悲愤形成的。自己不能有所改变，怎么能改变别人呢？正是由于这一点，我心中生出深重的忧虑。"如果要问，"这毛病怎么样呢？"急切之间，一下子说不完；详尽道来，请让我一点一点说个明白：

"创伤重而痛苦深的，应该专心致志，认真研究改弦更张的原因、条件，直到人们再没有想法为止。我悲叹那些华靡之人，他们鄙视功利，认为不值得赞美，而一心探究教派的流别，这样必然会借用佛教当作宝贝。佛教的书，我说不出诋毁它的话来。龙池、须弥山，我可以根据它们考定地位和名望；夜叉、阿修罗，我可以利用它们分辨种族。总之，佛经中近于实际的内容，可以供九能之士从事研究，而其中深奥玄妙的内容，虽然可以知晓上天无所牵挂这样的高论，但不切民间事务，事情的兴废，也应依缓急分别先后。而且今天的世道，如同佛教所说的衰微之世啊。佛教的时运，神灵或断或续，贤劫仍然没有过去，弥勒佛还没出世。这样，即使有圣贤哲人，也实在无法使佛教兴盛起来。而士人们却枉费时间而四处漫游，整天耳闻目睹老百姓凄婉的号哭，却想用空话帮助他们，魏晋时期的空谈之风又重新出现了。大儒处世的原则是，语言不看重它的美好，事情不看重它的宏大，只要有用，即使是盗跖用来润滑门轴的糖饴，越人使用的不皲手的药，都将被恭恭敬敬地接受。如果没有用，没有根基的言论，就不会得到礼遇，这种言论即使包含了元气，充斥了一切空间，也不会有人前往求教的。当今国土一天天吃紧，民众遭受着疾苦，愚贱的人不考虑这些，只是沉溺于享乐，而官场中的人却选择于己有利的事情，盘踞于己有利的位势，置国家利害于不顾。在这种情势下，必须有视死如归的人起来振动世风，国家的忧患才可以消除。一个人如果真正为天下担忧，就应殚精竭虑，研究选择西方成法，仿效施行，让它像血液流行于四肢那样全面推广，以求得到些微的益处。如今，人们不去雕刻坚石，而热衷于琢磨玉屑，不珍惜周鼎而珍惜五石之瓠，太让人丧气了！"

明朝末年，士人曾以谈禅为荣，他们心志节操虽然旺盛，但士气衰竭，不能成就变革之事。这些人中，品行好的认为王室享用的佳肴美女都腥臭不可接近，从而把天下事视为尘垢；品行不好的人凭借巧妙、华丽的语言为自己争名。至于敌人的狡诈，兵力的强弱，地形的险易，物质储备的多少，则一概不知。这样，在清军的进逼下，渡江向东退避，不满一年，第二次逃亡到福建，第三次逃亡到缅甸，这就是用人的错误啊。如今士人的心志节操远不及明人，却依循明人谈禅的道路，那么士气就会更加委靡，民心就会更加涣散，连像明朝那样两次、三次逃亡都做不到，哪有机会变法呢？

"哺乳期的母犬敢去抓虎，孵蛋的母鸡敢于和狸搏斗，精诚到了极点，而人们却认为是大愚。气球刚升空，飘十里就会爆裂；南森到北极探险，几乎葬身于坚冰，这些也是小材而担当重任的。虽然是这样，以墨子的标准看，也是英雄俊杰了。变法的事业，不靠嘴巴游说，必须靠亲身实行；亲身实行而不能成就，必然要赴汤火、冒白刃去实行。古代更改旧制，确定新典，一定要乘战争杀戮之后。当日本国内议论'尊王攘夷'的时候，因为违背了大将军的意旨，因而被抓了数百人，不少人被砍头，但人们的反抗士气毫不衰减。至于那些书生剑客，慷慨陈词，议论国事，竞相发表偏激言论，或者横刀谈论攘夷，或挽起裤腿呼吁脱离藩国，他们一谈及'尊攘'，就切齿扼腕，指斥当权者为神奸，嘲笑、哀叹那些老年儒士的怯懦，悲歌舞剑，然后涕泣，辗转仿效，形成了一时的风尚。因怕株连，又自称浮浪以免使其藩主受牵连，这些人的气节的雄壮刚毅和用心的良苦到了这种程度，终于使幕府交出了政权，邻国不来侵犯，变更法度，确定了国家大政。当这些人赴汤火、冒白刃奋战之时，本来没有想到这些。像这样的人，他们如对自己的目标追求不到，就是形容枯槁也不肯放弃，真是壮烈之士啊！如今我们中国的变法，没有严刑峻法的威胁，比起日本的变革来，不知要容易几千几百倍。中国的变革所求于士大夫的，只是劳累他们的心力罢了。这力，就是成就功业，去除弊病的条件。过去陶文毅因漕运有弊端，想有些变革，众人的议论全是欺诳之言，陶以全力抵制，然后才建立了海运的基础。曾文正想裁去绿营，当时如果乘着绿营疲惫至极，去除它如同摧枯拉朽一般，但是朝廷对此下不了决心，结果绿营制度不变，祸害留到今天。以陶、曾二公的功德，尚且这样或成或败，一般的小

吏、处士该怎么办呢？当今世上从事变法的人中，我没有见过由于辛劳奔波而面目黧黑、窍气不通的；争论变法的人中，我没有见过敢于在朝廷面前同掌权者争辩，使众人为之倾到的。唉！人们所以做事，依靠的是这锐气和手脚的勤快。如今士气衰竭了，在上位的人不任用豪杰，而把国家的重任交付给那些油猾之徒；处下位的有志之士，又渐渐热衷于禅学，而一天天销蚀了自己的骨气，危险啊，危险！守旧都做不到，怎么能变革呢？这正是颜习斋、李刚主之类的人所以流泪而陈述的原因所在啊。

"如前所说，我是用来规劝那些逃避、隐藏在佛学中的有志之士。如果是俊逸倜傥的人，他们有雄伟刚毅之气，见识果断，坚持努力行动，但是他们的毛病又不在空谈上，而是我前面提到过的狞暴了。这些人看见西方体制的实效，以为这种体制可以毫无曲折地在中国直接推行了，这又是采用后王之政硬行推行于百年之前了。这真是古人说的见到弹子就想到了吃烤鸦肉，见到鸡蛋就想得到报晓的公鸡一样，这样急不可待，最终不但鸦肉和鸡得不到，就连弹子和鸡蛋也会失去的。在这种情况下，就会认为自己的追求是不现实的办法，就会后悔当初为什么不慎重些呢？过去中国乾隆、嘉庆时期，欧洲各国严刑厚敛、民不聊生，拿破仑应时而出，改变了这种状况，法国的革命波及邻国，这些国家在拿破仑面前跪拜臣服，如同弟子受命于先师一样，法国的革命还不是特别艰难的。然而英国的改制，公众推举议员，世族出来阻挠；豁免外国商税，富商和船户出来阻挠；放开进口粮食，经营土地的要来阻挠；提高雇工待遇，工厂主就要阻挠；禁止买卖黑奴，豪门大户就要阻挠。吵吵闹闹三十年，才算基本安定下来。中国从通商以来，已经五十多年了，召集那些故老询问开矿筑路的事，这些人仍惊恐地认为会损伤地脉，其他制度举措，有利于二十二个行省而不利于几千几百人的情况不胜枚举。而其难于推行，又不仅仅是怕伤地脉这样的事可以相比的了。所以只要实行中一有闪失，怨言就跟着来了，比如办学堂就是这样的。作为讲业之地，旧学的废除和新学的兴起，都是为了教育学生，如果都享受县府的补贴，学士还有什么不满呢？只不过同旧学的人先入学，新学的人后入学一样。怨言一经产生，那些腰插笏板，佩带鸣玉的朝官们，又听了空言而进行阻止，那么我们的事就办不成了。我觉得在开始考虑事情的时候，宁可再调数万缗线，作为兴办新学的资本，不要取消其原来有的而成就其原来没有的，那么人们就不会反对我们。办学的规模就可以扩大，经过一二年，过去抱怨的人，听到新学的风气而知道了它的味道，就会欣赏并美慕它，深怕我们不兼并他们了，这样就会下令如同流水,而规模更加宏大深远了。因此,办新学的名声和实际都没有亏损,而人们的喜怒都被我们操纵了,这都是权术的结果啊。那些人搞变法而没有权术,不知变通,不懂算计,就不能够建立大功业。叔敖加高了门限,楚国人就都改高了他们的低车,我将把他作为变法的先师。

"至于后王的政体,没有遭受大的厄运,而在今天看它,一是希望民主,一是设立议院,这无异于一个人走不了三十里却要求他走百里啊。今天的民主,是最公正的,《尚书》从《尧典》开始,以禅让的方式排列帝王顺序;《春秋》崇尚五始,但隐公元年却不写"隐公即位"这样的话,圣人的逊让之情从文词中体现出来了。然而这种逊让的做法,在乱世实行,则可以到达治世;在治世实行,则只能造成混乱。衰亡到了极点,君子险哀,鸟兽虫蛾不能顺利地生存,于是就有了民主,以此来解救民困,保卫华夏,我踮起脚来等着它呢。在今天这种情况下议论民主,人们的意见如果真的实行了,国内就会陷入混乱,以至流血漂橹。在这种情况下,有幸当了拿破仑,固然使国土遭受蹂躏,使人民遭受荼毒,百年以后仍可望恢复元气;如果不幸而成为东学党,那么束缚、杀伤我们的将不仅仅是本族人了。大力鼓吹民主的人夸耀华盛顿,而忘记了法国革命和朝鲜东学党起义引发的灾难,难道连华盛顿在美洲这一事实也忘记了吗?美国人当初在不毛之地剪除树丛、杂草,开始祭奠天地,其功劳和我国的女娲氏、燧人氏一样,杀掉挡道的黑龙,积聚芦灰堵住洪水。处在这种时候,人民除了华盛顿以外再没有可以拥戴的了。他发出政令创立民主,人民确实没有必要再争斗了。然而三十多年来,林肯被刺、加菲尔德被刺,暗杀的案件出现了两次。他们设立国君如同布一粒棋子一样,而杀戮国君也如同切割祭肉一样。幸而独处一洲,人民没有涣散之心,邻国无从窥伺,还不至于废主亡国。如果在中国推行民主,如果在没有真诚的时代实行民主,那么在国内就会有利于蚩尤、刑天这样的人,对国外则有利于异族,无辜的百姓都成了他们的奴仆了,想求大同能办到吗?再说议院,《周礼》中这部分职能由司寇掌管,春秋齐国则有稷下。到了末世,杂驳的议论很多,好恶、始终、远近、博浅,无不互相闭塞。等到杂家之流出现,他们包容万物而设立统一的标准,这样,其他各派的观点没有不被他们所采用的。如果统一的标准确定不了,法国的左派、右派,美国的合众、共和两党就只能互相攻击,轮流执政了。过去美国的南北战争,仅仅因为禁止黑奴买卖,导源于意见不合。如今西方的会党,勇猛迅疾,横行世间无所顾忌,只有德国人稍谨慎一些,然而威廉四世曾下令交给人民一些权利,结果,

反抗王宫的堡垒在宫外筑起来了。俾斯麦知道人民难以驯服，就渐渐压制议员，不让他们随便议论。俄罗斯政府很强悍，不让百姓说话，但是人们或心存不满，或在下面议论，人们欣赏自己学到的东西，而对君主建立的一套学问不以为然，在这种情况下，让人们议论还不如让他们沉默。我国清朝康熙、雍正年间，有过好几次廷议，推广这种做法，使翰林院和各科道的人都坐下来讨论，这样是可以的。如果急切地把议题交给处士，他们不互相打起来是不会满足的。三国时蜀国的许慈和胡潜争论，蜀先主用刀仗相迫的场面同他们开玩笑，本朝的李天生却拔剑去砍毛西河。他们所议论的，不过是礼仪制度和音韵问题罢了。他们尚且这样记仇结恨，何况去议论国政呢？而且他们的谈话，守旧的迂腐，求新的荒诞，自己掌握的理由根据不足，说出来的话也没有道理，只是使听的人迷惑于所争问题的名目，昏乱而杂芜，那么发布政令就迟缓而没有期限了，祸根由此而酿成。我不知道这种毛病会在今天好了。如此说来，学堂没有建立的时候，不可设立议院，议院没有设立的时候，不可建立民主。事态的开通与阻塞，一定有先有后，都取决于时机。自从地球产生三十九期以来，从石刀到铜刀，再到铁刀的变化，并不是由于国家发布政令而人民顺从的结果，而是事物发展的时机催迫的结果。圣人就是利用这种时机引导事态发展的，所以办事没有不成的，废除的事没有不毁弃的。如今的雄俊倜傥之士，适合他们的时机没有到来，横眉怒色，悍然行动，他们的志向肯定不会实现，而且会危害他们自身。有华而不实毛病的人，我怕他们不愿牺牲自身去完成事业；有急切粗鄙毛病的人，我又怕他们去草率地牺牲自身。为什么呢？人原本会有一死，死有轻有重，这要看他投奔的目的。所以，不惜磨损全身而从沉沦中拯救人民的人，他们前仆后继，百折不挠，终于成就了事业，这样的人的死是重于泰山的，日本的议尊攘就是这样的。四亿人还不理解，天时还不到，心怀孤愤，挺身担当重任，万死而不悔，有的人违抗天命，损害同类而成为人民的祸害，身败名裂，使世人反把他的事作为教训，这样，他身后虽有哲人，也不敢走他的路了。这样做，如同用狸招鼠，用腐败的鱼除去苍蝇一样。越想创办的事反而毁坏得越快，越想废除的事反而兴起得越快，这样的死于事无补，反而会损害它，这种死就如同鸿毛一样轻了。唉！祸福的说法，成败的效验，是豪杰们不谈论的，既然整个天下称他为国士，那么他一定会为了天下而不轻易去死。谢安因参与制定宏图，并经常报告自己的长远计划而见重于高雅之士，没有别的原因，就是在变法的时间把握上很慎重啊。

"人民不懂变法，而想让他们迅速感化，一定要结合中西言论来开导他们。开导人的方法，横说，就用《诗》《书》《礼》《乐》，纵说，就用《金版》《六弢》。一方面说的是古往今来的历史，一方面说的是六合之内的事情。有人不相信模糊、粗疏的声音，而相信他眼中所见的实事，所以陈述古事就会感到隔阂，不如谈论现今之事；有人却偏爱模糊、粗疏的声音，跟他谈论今事他不相信，那么就跟他委婉曲折地谈论古事。所以结合中西之言来开导人民，就如同磁石吸引铁，树木因相近而连接一样。过去梅定九、戴东原、阮文达诸人，曾经以算学沟通中外，所以二百年来，即使特别偏袒同党、嫉妒真知的人，也没有认为懂西方算学是耻辱的。自从瀛海先生的观点出现，而又知道声光电化之学，其根源就在周秦时代的书里具备了，这种观点错误的地方，是以为欧洲人的技艺都是由亚洲发展而来的，比起伯宗盗取别人的好建议作为自己的功劳，这就有些夸张了。人的智慧，无论东西南北都是一样的，鼓动宫的乐调就会有宫调的声音，鼓动角的乐调就会有角调的声音，闭门造车，造出的车两轮之间距离相等，这种情况，认为是如同奏乐那样正好相合是可以的，认为别人的优良技艺都是从我这里学的，那么正好助长了学者的骄傲自满啊。即使是这样，依靠这种方式进行诱导，能使人顺利接受，比如中西之学是不同的东西，而这种方式正好是一种黏合力。如果把苍璧小玑送人，他不会喜欢，如果他的邻居家老人说，这是你祖父某年放在某室的，那么他虽然知道老人的话模糊粗略，但确实还是为得到这些物件高兴，为什么呢？喜欢再得到自家以前的东西啊。如果变法著作中也有这一类邻居老人的话语，那么即使那些对新法不满的人，也会讴歌它、喜欢它，蹒跚着奔向它了。精通自己的权术，使用平易的语言，是感化人民的最具神力的武器啊！唉！那些杰出的倜傥之士，果敢地独断，坚定地实践的人们，如果领悟到这一点，就可以掌握变法的权术了。"

章炳麟又说："我读《管子》一书，读到其中的《侈靡》篇，曾经默记其中的词语，读到'中国的草木，将有迁移到交通闭塞的地方的'，'妇人当政，铁的重量反而和金相等'这样的话时，我因吃惊而流汗。我说：'这是多么智慧、神圣的哲人，不看图谶就能知道百世以后的事。从今以后，如果有中等年寿的人，应能看到其变化的原委了。'即便如此，国家乱了容易治理，治理好了也容易保持。如果疆土没有损失，人民没有变化，鬼神没有消亡，水土没有变动，糟粕仍是糟粕，精华仍是精华，血仍是血，酒仍是酒，而文武官员安于逸乐，不做切实的事情，而邪恶之人把

持政权，天因此而昏昧，这是大乱将要萌生的征兆，不能和大乱已经酿成的时期相提并论。这个时候，是天地闭合、贤人隐退的世道。虽然是这样，既不忍目睹国家的解体，又不能离开它，那么只有强忍耻辱来为国家着想。我是浙江的一个贱民，生来瘦弱，没有骐骜的气概和鸿鹄的志向，但我也曾有过向往。虽不是超绝的人，但仍然凄惨悲痛，为世道的不善悲哀；以才能不及黄帝而羞耻。为那些还不如我的人哀叹。我心下怜悯那些有志之士沉溺于佛学，那些坚持实行的人，又往往一办事就搞乱了头绪。我认为像他们这样，将最终不能通过变革到达治世。所以我同您谈论这两种弊病，并以此告诫自己，告诫天下人。总括我谈话的要点，只有悲愤可以成事，即使有智慧的人、果敢的人，不悲愤就必然失败。三十年以前，有何桂清，十年以前，有张佩纶，言谈最贤良，也常有切中要领的，但他们却造成这样的祸败，这是可以作为鉴戒的。借鉴于这两个人，变革千次也许有十分之一可获成功；不借鉴这两个人，草率冒昧，事情的发展没有约束，即使有中等的寿命，也不会看到天下的治理。虽然如此，我确实知道人们不能借鉴这两个人啊。今天的时代，是天地闭合，贤人隐世的时代。我不能像狂放的接舆那样行吟于道，我也不能像戴安道那样为拒绝权贵而破琴，我把自己的污浊传到后代是必然的了。"

译书公会序

【原文】

　　九域之民不同，其食味、别声、被色均也。声浪之清浊，由其水土；语言文字之乖牾，由其习俗。象鞮不通，气不得齐和，中外相视，于是乎若光音天人。通之以地籁，地籁既通，其赫蹏犹未能户知，中外相视，于是乎若桃梗。悲夫！古者东方介氏之国，犹能与牛马言，今其头颅肱胫，吾与之同出于一范。闻其言，若伯劳鼓造，睹其文字，若虎所攫画之虢，若是者何也？亡所造作，则自东方大瀛以至四海均律不变，骊骍之鸣，九万里一也。有所造作，则邻屋比畛之间，其发于嗌亢者殊，其表识亦殊。学士所诵，大匠不与知；大匠所诵，驵侩不与知。然则审人之音难于审牛马之音也，知人之文难于知牛马之蹄远也，脑气撼之矣。令吾中国无《尔雅》《爰历》，则三古以上，吾且不能审诗商、协书名，况异域乎？

　　章炳麟曰：互市以来，所传译泰西书，仅逮四百种，兹无错愕也。是四百种者，既剞劂刻镂，不遍流布，拘学伐夫至不能举其目，兹亦无错愕也。虽然，瞽者羡瞽者瞽者羡明者，五大洲之册籍，吾不能博发而扬诩之，吾则瞽矣。且新理日出，岁无留故，一息炭养更，其事立变，若乔木之移阴，若蛇蚹蜩翼之移壤，而吾犹守旧译，以成世之暗智，其焉能与之终古？吴越之间，有《大明》《采苢》之诗人焉，闻之曰："夫善道与伊缓也，大卤与大原也，昔三王之季，犹能得其主名，于今世则何有？以吾圈属群徒，遂众力以任是也则可。"

　　夫古者百二十国之宝书，于今为蓝皮书，藏之金滕，比崇于方明，吾无得而译焉。其他舌人所述，有轶事，无完史，有葱岭以西，无大漠以北，故列国之要最，肘腋之隐患，一切不省，吾迻而补之。公法、律令、学政、官制、格物、商务，著于笪簹者，故有其书，或陈迹矣，或少半未卒译，吾校之以秘逸，正之以新理。横革之书，在巴黎者百五十万卷，其他称是，未度于内海，撢人、外史口耳所不及，吾求之雒通、译之渊泉而

章太炎

15

不涸竭。虽然，刱夫竹帛之成，而不得流布于震旦，以餍蟫鱼之腹，如曩者四百种之效也。乃取夫东西朔方之报章，译以华文，冠之简端，使学者由唐陈而识宦奥，盖自輶轩使者之职以溯秘书，其陈义略备矣。

嗟乎！五十年以往，士大夫不治国闻，而沾沾于声病分隶；戎士视简阅仅若木熙，无一卷之书以教战者。怀安饰誉，其祸遂立见于今日。故定武之书，郊居之赋，天地以弱文化之国；绿耳之骑，大黄之矢，天地以弱用武之国。一旦变易，官无其法，法无其人，人无其书，终于首施两端，前却失据，悲夫！以草莱数人，仅若秭米，而欲纲五洲书藏之秘，以左政法，以开民智，斯又夸父、精卫之续也。吾尝借观于邻国，日本得王仁以《论语》《千字文》传，其后经术艺文遂什伯百济。泰西政艺，各往往取诸希腊、罗马，而文明远过其本。然则是译书会者，安知不知微虫之为珊瑚，与嬴蛤之积而为巨石也。呜呼！斯又夸父、精卫之志也。

【译文】

全国各地的人民不同，他们的选择口味、区别声音、穿着服色却是一致的。人们的语音或清或浊，取决于他们居住地方的水土；语言文字之间的不合，取决于他们的习俗。没有翻译的沟通，各地民气不能调和，中原和周围地区互相看对方，就如同光音天上的人一样，无法以语言进行交流。自然界的各种声音是相通的，但是各地人民不可能都能识别文字材料，这样，中土地区和四方的人相互看待，简直像木偶一样。可悲啊！古代东方的介氏之国，还能跟牛马说话，现在我们的头颅、四肢，和他们同属一个类型，但是听他们说话，如同鸟噪蛙鸣一样；看他们的文字，如同老虎留下的爪痕一样，像这样的事是为什么呢？如果人们无所作为，那么从东方的大洋到中国的四海，语言不会有变化，不同毛色的牛马的叫声，即使相隔九万里也是一样的。如果人们有所作为，社会有所发展，语言就会有变化，那么即使相邻的居住或劳作的地方，人们发自口中的声音也会不同，用来标记语言的文字也会不同。学士诵读的内容，工匠不懂；工匠常说的行话，商人也不知道。然而分辨人的声音比分辨牛马的声音困难，知晓人的文字比知晓牛马的蹄迹困难，这是人脑活动的影响啊。假使中国没有《尔雅》《爰历》，那么三古以上，我们就不能审辨诗章，调整、统一文字的概念了，何况是不同地域之间呢！

章炳麟说：和国外互通贸易以来，我们转译的西方书籍仅达到四百种，这并不奇怪。这四百种书，既已刊刻，但流传不广，拘泥、浅薄的学人竟不能知道它的大概情况，这也不奇怪。即便如此，盲人羡慕眼花的人，眼花的人羡慕眼睛明亮的人，五大洲的书，如果我们不能广泛地采用并发扬它，我们也就变成眼花的人了。况且新道理一天天产生，岁月不留存过时的东西，一呼一吸之间，二氧化碳和氧气就进行了更换，事物就起了变化，如同树荫的移动，或蛇、蝉的爬行或飞动一样，如果我们仍墨守旧说，造成社会的昏昧，还怎么能够与这个社会并存呢？吴越之间有能创造类似《大明》《采芑》这种诗篇的作者，我听他们说："善稻和伊缓，大卤和大原，这种一地多名的情况，过去的三王时代尚且可以为它确定适当的名称，那么今天能做这样的事吗？依靠我们这些国家的人民，汇聚大家的力量就可以担当这样的工作了。"

古代的一百二十国史书，就是今天的蓝皮书，这些书收藏在金縢柜里，和祭祀时的方明一样受到尊崇，我们无从翻译。其他翻译人员的译述，有轶事而没有全史，有葱岭以西的地区而没有大漠以北的地区，所以各国重要的地方，要害处的隐患，一概不知，我们仓促地加以补充。公法、律令、学政、官制、自然科学、商务等，已收入学校教材的，原来的书有的已经陈旧了，有的部分未译完，我们都用秘籍逸书加以校核，用新的道理修正它。有助于治国的书，在巴黎就有一百五十万卷，其他受到好评的书，也没有介绍到国内来，熟悉国内外情况的人，对这些也不曾涉及，我们直接求助于外国人的记诵，从这种深厚的源头来翻译，以使我们的工作不致中断。虽然如此，我们仍不免伤感，因为书籍刊印之后却不能在中国流传，而喂了蛀书虫，就像以前译成的四百种书一样。于是我们拿了东方、西方、北方的外国报纸，用汉语翻译过来，放在书籍卷首，使学者由此途径登堂入室。大概通过翻译工作者们的努力来追寻外国的重要典籍，我们讲述的意义比较完全了。

唉！五十年以前，士大夫不研治传统学问，而满足于声病、分隶的揣摩；士兵对军事检阅视同儿戏，没有一卷书是用来教战的。留恋安逸，粉饰名声，它的祸害马上就在今天显示出来了。所以兰亭书法，《郊居赋》之类的作品，是天地用了来削弱我们这文化之国；绿耳这样的良马，大黄这样的劲弓，是天地用了来削弱我们这习武之国。一旦发生变化，政府部门没有法律，现有的法律没有人执行，执法的人们没有该读的书，最终彷徨犹豫，行动没有依据，太可悲了！凭着我们几个草民，如同天地间的几粒米一样渺小，而想选择、整理五洲所藏的秘籍，用以辅佐政治，开发民智，这又是夸父、精卫的后续啊。我曾借鉴于邻国，日本得到王仁传去的

《论语》《千字文》,以后它的经术艺文,就十倍百倍于百济国了。西方各国政治、艺术,都往往取之于希腊、罗马的文化,而他们的文明都远远超过了希腊和罗马。然而我们这个译书工会,怎么就知道我们不能像微虫长成珊瑚,螺蛤积为巨石那样发展壮大我们的事业呢?这又是夸父、精卫的志向啊!

弭兵难

【原文】

　　祸乱烽燹之既极，有一人焉，扶义而起曰："我必弭兵哉！"虽含哺之童，必颂之以为上仁无疑也。是故向戌激而为是，口血未干，陈、蔡之社为京观。宋阄、尹文激而为是，当是时，七国之权力虽有轩轾俯仰，其势足以相御，然而荀卿睹其无成。然则大勇不斗，然后为天下右。苟无生人杀人之柄，而欲禁人以不已杀，此实难矣。今以中国之兵甲，与泰西诸强国相权衡，十不当一，一与之搏击，鲜不溃靡。是故泰西诸国之兵可弭，而必不肯弭兵于中国。譬之盗，有所劫掠，其于群盗之所怀挟婴缠，则勿取焉。至于弱人，则不在是列，虽厥角稽首，与之指九天以为誓，其何益哉？

　　美利加，亦寡兵之国也，人见弭兵之议出于美利加，而以为不在强弱之形。嗟乎！美之在西半球，邻无虎狼，顾蚕食所不及耳。坎拿大一日自立而为帝，巴西一日发愤为天下雄，则美方受侵之不暇，其能与之晏安于鸩毒欤？今窥中国者，万美利加，公法恒义且有所不行，而况弭兵乎？必若是，是犹遣将临河以讲《孝经》，而欲以却黄巾也。

　　说者曰："吾岂徒乞盟，将假贷于彼，而要之相率以卫我，则是以彼之金币为质子也。然后弭兵之盟可以无渝矣。夫中国地藏之金币，百倍于异域，即有兵革，彼弃其已贷者，而收其未发者，如是，则以什伯偿一二，其贤于出之内府而寄之外府者，亦远矣，夫何所损焉？苟无损，则不足以为弭兵之券也。

　　吾以为火器之穷，人人殚精竭思而无所进，万国之强弱，斠若画一，当是时，有衅而斗，如两金相扣，先扣者胜，于是人有惧心，而弭兵之策行矣。今日虽弭兵，于小弱犹无益也。何者？避用兵之名，则尺檄可以得地。古者刀锯不戢，流而为甲兵，今甲兵既穷，则且靡而为鞭棰。故中外有衅，则持哀的迈敦书以索地，而踵之以警察千人以分布其邑落，则是鞭棰而天下定也。犹有不率者，则火器固可以用也。曰："是征吾属地，非

犯邻国矣。"然则今日之弭兵，特假强国以攫夺之柄，而弱国海隅之苍生，终勿能完其首领焉。懿何瘳乎！

昔者冈本监辅尝欲置天讨府矣，以为据险阻之地，以直隶于上帝，列国有罪，则遣将征之，是近于弭兵矣。吾以为主天讨者，其氏族不能出于五洲之表也。虽命曰帝臣，其始亦一国之氓而已矣。使故国无事则已，苟有事也，不恸哭以念其里间之榆柳，其人情乎哉？庇其所昵，而诛其所憎，中人之志也。不然，优厉守高，矫节操以饰名誉，则故国虽直，必务与之以枉挠之名，苟灭亲而已，又非义也。夫等之食息于行星者，其用意必不能至公，则六师所临，其以无罪死者众矣，又况于贿赂市鬻之师乎！今言弭兵者，其弊盖犹是也。

抑吾又有订焉，自北宋之中叶至于明季，士大夫多喜言兵事，其说不务训练，而好崇诡道，纷拿错出，流宕而无所薄。至于揭暄之《兵法百言》，而鄙愈甚矣。学者知谈兵之为腐儒，则思以弭兵之说廓之。盖一质一文，丁世运之变，而以是为琦词焉。

今夫祓彗日用于人，而不得藏于箧者，其道固不足贵也。物之贵者，必大璋青龟，然于世无所用，用之则以崇饰视听。言之贵者，必深微玄妙，如弭兵之说，且近于仁术矣。不薄其本而肇其末，其说亦未可行也。

【译文】

兵祸到了空前严重的时候，如果有人仗义而起，说："我一定要平息兵乱！"即使是吃奶的孩子，也一定会歌颂他为仁慈的人。所以春秋时向戍奋起而提倡停止战争，盟誓的口血未干，陈、蔡两国的社坛就变成了尸山。战国时宋牼、尹文奋起提倡停战，当时七国的权力各有高低，他们的力量足以互相抗衡，但荀子看到这种形势是不会消除战争的。最勇敢的人不必斗力，就可以成为天下最有力量的人。假如没有杀人的权力，而想禁止别人不杀自己，这实在是太难了。如今以中国的武器和西方诸强国相比，十不当一，一跟人家较量，很少不溃散的。所以西方诸强之间可以停战，但他们决不肯和中国停战。比如强盗，他总是要抢劫的，但对于其他强盗所拥有的东西，他不会去争抢。至于弱人，就不在这个范围了，即使你对他俯首伏地，跟他指九天发誓，有什么用呢？

美国也是军队较少的国家，人们看到停止战争的意见，如果是出于美国，就以为提出停战不在于国家地位的强弱。可叹啊！美国在西半球，近旁没有虎狼之国，所以强国蚕食不到这里。加拿大一旦自立，巴西一旦发愤而成为天下强国，那么美国就会忙于应付外国的侵扰，怎么能在这种危险的环境中跟他们同享安乐呢？如今窥伺中国的，远不止一个美国，国际上的公法和道义都无法实行，何况消除战争这样的事呢？一定要这样做，就如同派了将领到黄河边上讲解《孝经》，而希求黄巾军退兵一样了。

坚持停战的人说："我们岂只是乞求跟外国结盟，我们是要向他们借钱，并请他们相继来保护我们，这样就是以他们的钱财作为抵押了。这样做了以后，停战的盟约就可以不再改变了。"中国自己领土内蕴藏的钱财，百倍于外国，即使发生了战争，他们放弃已经借给我们的钱财，而收取那些没有启用的财物，这样做，就是以十倍百倍的钱财来偿付他们的一点儿借贷了。这比起所谓"取之内府而寄之外府"的策略来，他们得到的好处多得多了。这对他们有什么损害呢？如果没有损害，这样的做法就不足以当作停止战争的保证了。

我以为如果现代武器发展到了顶点，人人用尽心思而无所改进的时候，世界各国的强弱都完全均衡了，这时为了争端而开战，如同两件金属相撞击，先撞的就会获胜，于是人们就都有了恐惧心理，停战的政策才可以施行。如今即使停战，对弱小国家也是没有好处的。为什么呢？强国为避开用兵的名声，一封战书就可以得到土地。古时候刑具不收藏，逐渐变为兵器，如今兵器发展到了顶点，就又变为鞭子了。所以我们和外国一有争端，外国就可以持最后通牒勒索土地，接着用千名警察分别派往各地区，这就是鞭子定天下了。如果有不顺从的，那就可以使用武力了。而且会说："这是征讨我们的属地，而不是侵犯邻国啊。"那么说来，如今的停战，只是给强国提供一个强取豪夺的借口罢了，而弱国边远地区的百姓，终究不能保全性命，怎么能有救呢？

过去冈本监辅曾想设立天讨府，认为占据险要地形，直接隶属于上帝，各国有罪，就派将领征讨，这就等于消除战争了。我以为主持天讨的人，其家族不可能出于五大洲之外，虽然称为帝臣，最初也不过是某一国家的人而已。这样的人，如果他的祖国没事则罢，如果有事，他如果不为怀念故国而痛哭，这合乎人情吗？保护自己亲近的人，诛讨自己憎恨的人，这是一般人的心态。不这样的话，一味地假清高，扭曲自己的操守而粉饰名誉，这样，自己的祖国即使正直，也一定要给它一个枉曲的名声，勉强灭亲，又不合乎道义了。比较生活在地球上的人类，人们的用意一定不能达到最公正的程度，那么军队到达的地方，无罪而死的人就会很多，何况又是靠贿赂收买的军队呢？今天谈论停战的，弊病就在这里。

但是我还有评论的话要说，从北宋中叶至于明末，士大夫多喜欢谈论

军事，他们的讨论不专注于军队的训练，而喜好推崇歪门邪道，理论混乱，放荡而无所依傍。至于揭暄的《兵法百言》，浅陋更甚。学者知道谈论兵法的人是迂腐的儒生，想用停战的说法去廓清邪说。大概一个质朴，一个高雅，正处在世道变化的时期，而把这个当作华丽的言词了。

如今扫帚每天用，不必藏在箱子里，是因为它本来不足珍贵。东西中珍贵的，当是大璋和青龟，然而这些对世事没有用处，用它只是为了装点门面。言论中珍贵的，一定是深奥、玄妙的，如停止战争的论调，几乎近于仁术了。如果不把它的理论的来龙去脉搞清楚，这种说法也是不可推行的。

解辫发

【原文】

《后汉书·西南夷传》：哀牢夷种人，皆刻画其身，像龙纹，衣著尾。尾者，其今满洲之辫发乎？《汉书·终军传》："解编发，削左衽。"师古曰："'编'读曰'辫'。"斯其来远矣。

支那总发之俗，四千年亡变更，满洲入，始剃其四周，交发于项，下及髂髀。一二故老，以为大辱，或祝发著桑门衣以终（《通典·乐》六："天竺乐，乐工皂丝布，幞头巾，白练襦，紫绫袴，绯帔。舞二人，辫发，朝霞袈裟，若今之僧衣也，行缠碧麻鞋"。据此，是天竺亦有辫发，其言若今僧衣者，只指朝霞袈裟耳。又今印度人皆幞头而不辫发。然则舞时偶一用之，平日则否，故乐工仍不辫发也）。盖冠簪高髻之饰，既不可复，则宁尽毁之以章吾志，其情隐矣。其后习夷俗久，秃鬓垂鬛，以为当然，亡所怪愕。日本人至，始大笑悼之；欧罗巴诸国来互市者，复蚩鄙百端，拟以豨豚，旧耻复振。然士人多要幸儋石之禄，犹前却持两可，未尽芟夷也。

共和二千七百四十一年秋七月，余年三十三矣，是时满洲政府不道，戕虐朝士，横挑强邻，戮使略贾，四维交攻。愤东胡之无状，汉族之不得职，陨涕涔涔曰："余年已立，而犹被戎狄之服，不违咫尺，弗能剪除，余之罪也。将荐绅束发，以复近古"。日既不给，衣又不可得。于是曰："昔祁班孙、释隐玄，皆以明氏遗老，断发以殁"。《春秋·谷梁传》曰："吴祝发。"《汉书·严助传》曰："越劗发"（晋灼曰："劗，张揖以为古'剪'字也"）。"余，故吴、越间民，去之，亦行古之道也"。会执友以欧罗巴衣笠至，乃急断发易服。欧罗巴者，在汉则近大秦，与天毒同柢，其衣虽连小，方裕直下，犹近古之端衣，惟吾左辅之日本，亦效法焉，服之盖与著桑门衣无异趣云。《传》曰："齐一变，至于鲁；鲁一变，至于道。"由是萌芽，令他日得端委以治《周礼》，固余之志也。昔者，《小雅》诗人闵宗周危乱，发愤而作，始之以流水之朝宗于海，而终之以邦人诸友，谁

无父母。呜呼！余惟支那四百兆人，而振刷是耻者，亿不盈一，钦念哉！

【译文】

《后汉书·西南夷传》说哀牢地区的少数民族，都在身上刻画花纹，取象于龙的形状，衣服后面还附了尾巴。这种尾巴，也许是如今满族的辫子吧？《汉书·终军传》有"解除编发，取缔左衽服饰"的话，颜师古注释说："编读作'辫'。"这辫子的来源是很久远的了。

中国束发的习俗，四千多年没有变更，满洲入主中国以后，开始让人剃去四周头发，其余聚拢在脖子后面，一直可以拖到腰胯旁。一些旧时代的老人，以为这是最大的耻辱，有的断发穿僧衣而死（《通典·乐》六："天竺国的音乐，乐工衣着黑丝布，戴幞头巾，外罩白练小袄，下穿紫绫裤，肩披是粉红色的。跳舞的有二人，梳着辫子，穿着朝霞般的袈裟，如同现在的僧衣，下边是裹腿和绿麻鞋。"据此，可知天竺国也有辫发，他说如同现在的僧衣，只是指朝霞色的袈裟罢了。又现在的印度人都戴幞头，而不梳辫子。但他们跳舞时偶然梳一次，平时则不这样。所以乐工仍然不梳辫子）。大概冠簪高髻的装饰，已经不可恢复了，他们就宁可全部毁弃自己的头发以表明志向，而真实感情被隐没了。以后的人习惯于夷人风俗，剃去鬓角，脑后留长发，都以为这是当然的，不觉得奇怪。日本人来中国后，就大加嘲笑；欧洲各国来中国贸易的人，又百般挑剔以至于鄙弃，把中国人的辫子比成猪尾巴，旧日的耻辱又出现了。然而士人多希求那一两百斤禄米的恩赐，仍然进退犹疑，不能削除这种发式。

共和二千七百四十一年秋七月，我三十三岁了。现今的满洲政府不实行道义，摧残朝中的士人，蛮横地向强邻挑起争端，杀戮使者，抢劫商贾，结果弄得四方国家一起来围攻中国。我为东方胡种的无法无天、汉族人民的不能安居而悲愤，因此潸然泪下，对自己说："我已过而立之年，却仍然穿着戎狄的服装，近在身边的东西，我不能剪除它，这是我的罪过啊。我想穿上过去儒生的衣服，改梳成过去的那种发式，来恢复近古时代的装束。"时间不够，衣服又找不到。于是这样说："过去祁班孙、释隐玄都认为自己是明朝遗老，剪去长发而死"。《春秋谷梁传》说"吴国的人断发"。《汉书·严助传》说"越国的人劗发"。（晋灼说："劗，张揖认为是古代的'剪'字。"）"我是吴、越地方的百姓，剃去长发，也如同实行古代的道义啊。"正好我的朋友带了欧洲的衣帽来，我就赶快剪去长发，改变服装。欧洲地方，汉代时接近大秦国，与天竺同属一个种族，他们的衣服虽然窄小，方领开口直下，仍然接近古代的端衣，我们东边的日本，也效法他们，穿了这种服装，大概和僧人的衣服差不多了。《论语》有这样的话："齐国的文化，一经变化，就达到了鲁国的程度；鲁国的文化，一经变化，就达到了'道'的境界"。由此萌芽，将来能够穿着端委这种礼服去研究周礼，这正是我的志向啊。过去《小雅》的诗人，担心周朝的危乱，发愤创作《沔水》这首诗，诗以流水归向大海开头，以国人朋友谁无父母结束。呜呼！我想中国的四亿人中，起来摆脱、洗刷这种耻辱的人，不足亿分之一，恭敬地想着这件事吧！

定 版 籍

【原文】

章炳麟谓孙文曰："后王视生民之版，与九州地域广轮之数，而衰赋税，大臧则充。古之为差品者，山林之地，九夫为度，九度而当一井，迭为九衰，至于衍沃而止矣。今之大法，自池、井、海堰有盐而外，露田稻最长，黍、稷、粱、麦各有品也。居宅与树艺之地次之，山及池沼次之，江干沙田次之，以是征税。观于民间而辨其物，桑田者，其利倍稻。梨、枣、蒲陶、桔、柚、桃、李、竹、漆、梧桐及杂树、松、栎足以给薪者，其利自三。山有植苦茶者，与桑田比，种竹者亦如之，杂苽粮药者为下。粘与文杏，不高冈而有，足以侍宫室械器，其利倍苦茶。楠、㮝、丹木者自四。池沼大者，容鱼或数万头，不作劳而其利加于露田十倍。江干沙田宜木绵，其衰如桑。然则定赋者以露田为质，上之而桑茶之地，果漆糗薪之地，桢干之地，至于鱼池，法当数倍稼矣。独居宅为无訾，穷巷之宅，不当蹊隧者，视露田而弱；当孔道者，鱼池勿如，别为差品。以是率之，赋税所获，视今日孰若？"

孙文曰："兼并不塞而言定赋，则治其末已。夫业主与佣耕者之利分，以分利给全赋，不任也。故取于佣耕者，率参而二。古者有言：'不为编户一伍之长，而有千室名邑之役。'夫贫富斗绝者，革命之媒。虽然，工商贫富之不可均，材也。朽人为黝堊，善画者图其幅帛。其为龙、蛇、象、马、草树、云气、山林、海潮、爟火、星辰、人物、舟车，变眩异态，于以缘饰墙壁，一也；然或一日所成而直百钱，或一日所成而直赢于万金。挽步辇者与主海船者，其为人将行，一也；一以为牛马，一以为宗主。是岂可同哉？彼工商废居有巧拙，而欲均贫富者，此天下之大愚也。方土者，自然者也。自然者，非材力。席六幕之余壤，而富斗绝于类丑。故法以均人。

"后王之法：不躬耕者，无得有露田。场圃池沼，得与厮养比而从事，人十亩而止。露田者，人二十亩而止矣。以一人擅者，畎垄沟洫，非有其壤地也。场圃之所有，杝落树也；池沼之所有，堤与其所浚水容也；宫室之所有，垣墉栋宇也。以力成者其所有，以天作者其所无。故买鬻者，庚偿其劳力而已，非能买其壤地也。夫不稼者，不得有尺寸耕土，故贡彻不设。不劳收受，而田自均。"

章炳麟曰："善哉！田不均，虽衰定赋税，民不乐其生，终之发难。有帑廥而不足以养民也。昔者余在苏州，过冯桂芬祠堂，人言同治时，桂芬为郡人减赋，功德甚盛。余尝闻苏州围田（吴越沃野多称'圩田'，本由围田音误作'圩'。围田多雍遏沼泽为止，今则遍以称水田）皆在世族，大者连阡陌。农夫占田寡。而为佣耕。其收租税，亩钱三千以上。有阙乏，即束缚诣吏，榜笞与逋赋等。（中夏兼并最少，惟苏州世族尚有之。）桂芬特为世族减赋，顾勿为农人减租，其泽格矣。荀悦言：'汉世田制，官收百一之税，而民输豪强大半之赋。官家之惠优于三代，豪强之暴酷于亡秦。是以惠不下通，而威福分于豪民。今不正其本，务言复除，适足以资富强也。'桂芬于苏州，仕宦为达，诸世族皆姻娅，通门籍，编户百万，号呼之声未彻于耳，将厚薄殊耶？其阘立祠堂，宜学者为请之，农夫入其庭庑，而后知报功也。"

《均田法》：

凡土，民有者无得旷。其非岁月所能就者，程以三年。岁输其税什二，视其物色而衰征之。

凡露田，不亲耕者使鬻之，不雠者鬻诸有司。诸园圃，有薪木而受之祖、父者，虽不亲雍，得有其园圃薪木，无得更买。池沼，如露田法。凡寡妻、女子当户者，能耕，耕也；不能耕，即鬻。露田无得佣人。

凡草莱，初辟而为露田园池者，多连阡陌，虽不躬耕，得特专利五十年。期尽则鬻之，程以十年。'

凡诸坑冶，非躬能开浚砮采者，其多寡阔狭，得恣有之，不以露田园池为比。

【译文】

章炳麟对孙文说："后世的君主根据人民的数量和全国各地的面积，而按等级征税，这样国库就会充实。古代为各种土地制定等级，山林之地，九百亩为一度，九度相当于平原土地的一井，依次递减，形成九个等级，平原为最高等级。当今的国家大法，除盐井、盐池、海滩产盐而外，露田种稻收获最高，黍子、谷子、高粱、小麦各不相同。住宅和果、菜园的收获低于粮食，山地、池沼的收获又低于住宅地和果园，江岸沙田的收

获又低于山地、池沼，国家就根据这样的等级征税。观察民间生产并辨别各类收入，桑田的收入是种稻的两倍，梨枣、葡萄、橘子、柚子、桃树、李树、竹子、漆树、梧桐、油桐，以及杂树、松树、栎树等足以供人烧火用的树木，可以获得三倍于稻田的收益。山地有种植茶树的，其收益与桑田相等，种竹也如此。杂树粮食和药材的收入要低于桑田。产胶、漆的树和银杏树，小山上就可以种植，足以供应宫室制作器械之用，其收益是茶的两倍。楠木、乌木、红木等贵重木材，收益则是茶的四倍。大一点的池沼，可以容下数万条鱼，不多劳作就可以获取十倍于露田的收益。江岸沙田宜于种棉花，其收益同桑田相等。那么确定赋税的时候，应以露田为基准，高于露田的是种植桑、茶的土地，果树、漆树建筑用材林地，以及鱼池。依法应当征收数倍于种粮的赋税。只有住宅不便计算，穷巷的宅地，不靠近小路，征税应低于露田；在大道边的，鱼池的收益也比不上它，对这种宅地应另立标准收税。用这个标准计算，赋税所得的收入，比现在的税收制度如何？"

孙文说："在兼并现象没有杜绝的时候，而谈论确定赋税，那么只能是解决枝节问题罢了。业主的收益和雇农的收益是分开的，用一方的收益负担全部赋税，必然承受不了。所以（为了转嫁负担），业主从雇农那里提取的地租，大都达到了农民收获的三分之二。古人有这样的话：'（那些富豪人家）不担任一伍之长，却享有千户封地的赋役收入。'这种贫富悬殊的现象，就是革命产生的原因。话虽这样说，但工商的贫富不能平均，这是因为从事工商活动的成功与否，取决于人的素质。泥水匠在墙上、地上涂白抹黑，善画的人在整幅布料上作画。他们都可以涂画出龙、蛇、象、马、草树、云气、山林、海潮、火炬、星辰、人物、车船，形象千姿百态，用来装饰墙壁的功能是一致的；但是有的一日所成的东西仅值一百文钱，而有的却达到万金。抬轿的人和驾驶海船的人，作为皇帝的随从是一致的，但一个当牛作马，一个却是统领别人的人。这怎么能相提并论呢？那些工商业者的经营有巧拙不同，而想让他们贫富均等，这真是天下最愚蠢的想法了。各方土地是自然形成的，自然形成的事物，不能等同于人的能力。凭借天下四方的空地，就会比一般人富裕很多（这是不合理的），所以要用法律来使人人均等。

"后代君主的法律：不亲身参加耕作的人，不得占有露田。场圃、池塘，则准许和其他从事耕作的人相等，每人占有十亩。露田每人允许占有二十亩。一个人占有的土地中，地垄沟渠不计入田亩。场圃所有的，由篱笆围起来；池塘所有的，由堤坝与深挖后的水包容了；房屋所有的，由墙和屋顶限制起来。以上这些，靠人力作成的，应归占有者；由自然形成的，就不属他了。所以买卖只是补偿占有者所付出的劳动，而不能把土地买下来。不从事农作的人，不得占有一点耕地，所以也不对他征税。不劳动的人，就把分给他的田收回来，再分配给应该拥有耕地的劳动者。这样，土地的占有自然会平均。"

章炳麟说："好啊！土地占有不均，即使依照一定等级确定赋税，人民仍然不会满意，终究会起来发难。虽然有国库也养活不了人民。过去我在苏州的时候，曾造访冯桂芬的祠堂。人们说，同治年间冯桂芬曾为同郡的人减轻赋税，功德很大。我听说苏州围田（江浙一带的肥田，多称'圩田'，本由围田音误成为'圩'。围田多由筑堤拦水而成，如今到处称为水田）都归世家大族所有，有的很大，沟渠纵横连成一片。农夫占田很少，而且是替别人耕作。这些大户收租税，每亩三千钱以上。农民一旦交不够，就被捆绑送到官府，像对逃税的人那样拷打他们（中国兼并现象最少，只苏州的世家大族还有这种现象）。冯桂芬只为世族减轻赋税，却不为农民减租，他的恩泽也就到此了。荀悦说：'汉代田制，官家收百分之一的税，而百姓把大半赋税交给了豪强大户。官家的恩惠超过了上古三代，而豪强的残酷也超过了秦朝。所以朝廷的恩惠到不了老百姓那里，而朝廷的威福却被大户瓜分了。如今不去扶正根本，而一味地谈论减免赋税。正好足以帮助豪强大户啊。'冯桂芬在苏州，官做得很顺利，他和一些大户都结成了姻亲，和这些人互通门籍，苏州虽然有百万居民，但人民的叫苦声到不了他耳朵里，他能区别赋税负担的差距吗？设立祠堂，是那些仕途中的人为他请求的，农民只有归附到富户家中，才能知道他的功德啊。"

《均田法》：

凡是土地，百姓占有的都不得旷废。那些不能在短期开垦完毕的，给予三年的期限。一年上交十分之二的税，根据土地的质量分等级征税。

凡是露田，不直接从事耕作的人，就让他出卖土地，如无人购买就卖给官方。那些园林、菜地，有从祖辈、父辈继承下来的树木，虽然不是自己亲自种植的，也允许占有这些土地和树木，但不允许进一步购买。池塘的占有和使用，和露田相同。凡是寡妇或女子为户主的，能够自己耕作，就自己耕作；不能自己耕作，就须出卖土地。露田不得雇工耕作。

凡未开垦的荒地，初次开垦为露田、园林或池塘的，尽管很多面积较大，业主也不参加耕作，也特别准许其独享收益五十年。五十年以后可以出卖，仍可给十年的宽限。

凡各种矿产，不是凭个人力量能够开采的，不论数量多少和面积的大小。都可以由业主全部占有，不必按照露田、园林、池塘的管理规定办理。

《革命军》序

【原文】

蜀邹容为《革命军》方二万言，示余曰："欲以立懦夫，定民志，故辞多恣肆，无所回避，然得无恶其不文耶？"余曰："凡事之败，在有其唱者而莫与为和，其攻击者且千百辈。故仇敌之空言，足以隳吾实事"。

夫中国吞噬于逆胡二百六十年矣，宰割之酷，诈暴之工，人人所身受，当无不昌言革命。然自乾隆以往，尚有吕留良、曾静、齐周华等持正议以振聋俗，自尔遂寂泊无所闻。吾观洪氏之举义师，起而与为敌者，曾、李则柔煦小人；左宗棠喜功名，乐战事。徒欲为人策使，顾勿问其麤非枉直，斯固无足论者。乃如罗、彭、邵、刘之伦，皆笃行有道士也，其所操持，不洛、闽而金溪、余姚。衡阳之《黄书》，日在几阁，孝弟之行，华戎之辨，仇国之痛，作乱犯上之戒，宜一切习闻之。卒其行事，乃相缪戾如彼。材者张其角牙以覆宗国，其次即以身家殉满洲，乐文采者则相与鼓吹之。无他，悖德逆伦，并为一谈，牢不可破。故虽有衡阳之书，而视之若无见也。然则洪氏之败，不尽由计画失所，正以空言足与为难耳。

今者风俗臭味少变更矣，然其痛心疾首，恳恳必以逐满为职志者，虑不数人。数人者，文墨议论，又往往务为蕴藉，不欲以跳踉搏跃言之，虽余亦不免是也。

嗟乎！世皆闇昧而不知话言，主文讽切，勿为动容。不震以雷霆之声，其能化者几何？异时义师再举，其必隳于众口之不俚，既可知矣。

今容为是书，一以叫咷恣言，发其惭恚，虽闇昧若罗、彭诸子，诵之犹当流汗祗悔。以是为义师先声，庶几民无异志，而材士亦知所返乎？若夫屠沽负贩之徒，利其径直易知而能恢发智识，则其所化远矣。藉非不文，何以致是也。

抑吾闻之，同族相代，谓之革命；异族攘窃，谓之灭亡；改制同族，谓之革命；驱除异族，谓之光复。今中国既灭亡于逆胡，所当谋者，先复也，非革命云尔。容之署斯名，何哉？谅以其所规画，不仅驱除异族而

已,虽政教、学术、礼俗、材性,犹有当革者焉,故大言之曰"革命"也。共和二千七百四十四年四月。

【译文】

四川的邹容写了一本二万字的《革命军》给我看,并说:"我想用这本书振起懦夫,确立民志,所以语言多有不规范之处,无处回避。但是这样会不会有人嫌它文词不雅呢?"我说:"凡事情失败,就在于有人倡导而没有人呼应,而攻击它的人又成百上千,所以仇敌的言论也足以破坏我们的实事。"

中国被满洲侵吞二百六十年了,他们对我们宰割的酷烈,欺诈暴虐的苛刻,是每个人都亲身体验到的,大家应该是无不提倡革命的。但是乾隆以前,还有吕留良、曾静、齐周华等人抱持严正的意见来振动麻木的社会,从那时起就寂静无声了。我看洪秀全发动正义之师的时候,起来跟他为敌的人中,曾国藩、李鸿章是驯顺的小人;左宗棠爱好功名,喜欢打仗,只不过愿被人驱使,却不问是非曲直,这些人实在不足论。至于罗泽南、彭玉麟、邵懿辰、刘蓉之辈,都是行为忠厚、有所追求的人,他们所遵守、实行的,不是程朱理学,就是陆王心学。王夫之的《黄书》,一天到晚摆在桌上,孝悌的言行,华夏和戎狄的分辨,对仇国的痛恨,对犯上作乱的戒条,应该都是十分熟悉的。但最终他们的行事,却是那样的矛盾,反常。他们中有才干的人尽其所能保护其国家,其次就为满洲贵族献身,喜欢文采的就互相吹捧。没有别的,因为违反常规的道德和伦理,在他们那里都给合在一起,牢不可破了。所以即使有王夫之的书,在他们也是视而不见的。这样看来,洪秀全起义的失败,不完全由自己计划不当所致,而且也因为这些人的空话足以给他造成困难的啊。

如今社会风气和人们的追求有些变化了,然而痛心疾首,诚心以驱逐清人为根本志向的,大概没有几个人。这几个人写文章发议论,又往往追求含蓄,不愿以激烈活泼的言词说出来,即使我也免不了这样做。

唉!世俗都愚昧而不懂善言,做文章主张宽容,委婉地提出规劝,不动声色。但是如果不用雷霆之声震动,能够接受教化的人又有多少呢?他日正义之师再度兴起,必然会败于众口的不可依靠,这是现在就可以预料的。

如今邹容写这本书,完全以呐喊放肆的语言,引发人的惭愧和愤怒。即使像罗泽南、彭玉麟这样愚昧的人,诵读此书时也应该流汗深悔。把这本书作为正义之师的先声,大概人民是不会有其他想法的,而那有才之士也知道自己该迷途知返吧。至于杀猪卖酒做小买卖这样的劳动者，受益于此书的直白易懂，从而能恢复发扬智慧见识，那么此书的影响就深远了。假如不是这样不讲究文采，怎么会达到这种地步呢？

　　我又听说，政权被同族的人取代，叫作革命；被异族人强夺窃取，叫作灭亡；改换制度，统一民族，叫作革命；驱除异族，叫作光复。如今中国已经亡于清人，我们应当谋划的是光复，不是革命。那么邹容为此书署名革命是为什么呢？料想他所规划的，不仅是驱除异族，即使是政教、学术、礼俗、品行，仍然有需要革命的地方，所以就扩大范围称之为"革命"。共和二千七百四十四年四月。

驳康有为论革命书（节选）

长素足下：

读《与南北美洲诸华商书》，谓中国只可立宪，不能革命，援引今古，洒洒万言。呜呼！长素何乐而为是耶？热中于复辟以后之赐环，而先为是龃龉不了之语，以耸东胡群兽之听，冀万一可以解免。非致书商人，致书于满人也。夫以一时之富贵，冒万亿不韪而不辞，舞词弄札，眩惑天下。使贱儒元恶为之则已矣，尊称圣人，自谓教主，而犹为是妄言，在己则脂韦突梯，以佞满人已耳；而天下之受其蛊惑者，乃较诸出于贱儒元恶之口为尤甚。吾可无一言以是正之乎？

谨案长素大旨，不论种族异同，惟计情伪得失以立说。虽然，民族主义，自太古原人之世，其根性固已潜在，远至今日，乃始发达，此生民之良知本能也。长素亦知种族之必不可破，于是依违迁就以成其说。援引《匈奴列传》，以为上系淳维，出自禹后。夫满洲种族，是曰东胡，西方谓之通古斯种，固与匈奴殊类。虽以匈奴言之，彼既大去华夏，永滞不毛，言语政教，饮食居处，一切自异于域内，犹得谓之同种也耶？智果自别为辅氏，管氏变族为阴家，名号不同，谱牒自异。况于戕虐祖国，职为寇仇，而犹傅以兄弟急难之义，示以周亲肺腑之恩，巨缪极戾，莫此为甚！近世种族之辨，以历史民族为界，不以天然民族为界。藉言天然，则禘袷海藻，享桃猿雌，六洲之氓，五色之种，谁非出于一本，而何必为此聒聒者耶？

长素又曰：氐、羌、鲜卑等族，以至元魏所改九十六姓，大江以南，骆越、闽、广，今皆与中夏相杂，恐无从检阅姓谱而攘除之。不知骆越、闽、广皆归化汉人而非陵制汉人者也。五胡、代北始尝宰制中华，逮乎隋、唐统一，汉族自主，则亦著土傅籍，同为编氓，未尝自别一族，以与汉人相抗，是则同于醇化而已。日本定法，夙有藩别，欧美近制，亦许归化。此皆以己族为主人，而使彼受吾统治，故一切无可异视。今彼满洲者，其为归化汉人乎？其为陵制汉人乎？堂子妖神，非郊丘之教；辫发璎珞，非弁冕之服；清书国语，非斯、邈之文。徒以尊事孔子，奉行儒术，崇饰观听，斯乃不得已而为之，而即以便其南面之术、愚民之计。若言同种，则非使满人为汉种，乃适使汉人为满种也。

……

至谓衣服辫发，汉人已化而同之，虽复改为宋明之服，反觉不安。抑不知此辫发胡服者，将强迫以成之耶？将安之若性也？禹入裸国，被发文身；墨子入楚，锦衣吹笙，非乐而为此也。强迫既久，习与性成，斯固不足以定是非者。吾闻洪、杨之世，人皆蓄发，不及十年而曾、左之师摧陷洪氏，复从髡剃。是时朋侪相对，但觉纤首锐颠，形状噩异。然则蓄发之久，则以蓄发为安；辫发之久，则以辫发为安。向使满洲制服，涅齿以黛，穿鼻以金，刺体以龙，涂面以垩，恢诡殊形，有若魑魅，行之二百有六十年，而人亦安之无所怪矣。不问其是非然否，而惟问其所安，则所谓祖宗成法不可轻变者，长素亦何以驳之乎？野蛮人有自去其板齿，而反讥有齿者为犬类。长素之说，得无近于是耶？

……

长素又曰：所谓奴隶者，若波兰之属于俄，印度之属于英，南洋之属于荷，吕宋之属于西班牙，人民但供租税，绝无政权，是则不能不愤求自立耳。若国朝之制，满、汉平等，汉人有才者，匹夫可以为宰相。自同治年来，沈、李、翁、孙，迭相柄政，曾、左及李，倚为外相，恭、醇二邸，但拱手待成耳。即今除荣禄、庆邸而外。何一非汉人为政？若夫政治不善，则全由汉、唐、宋、明之旧，而非满洲特制也。然且举明世廷杖、镇监、大户加税、开矿之酷政而尽除之。圣祖立一条鞭法，纳丁于地，永复差徭。此唐、虞至明之所无，大地万国所未有。他日移变，吾四万万人必有政权自由，可不待革命而得之也。

夫所谓奴隶者，岂徒以形式言耶？曾、左诸将，倚畀虽重，位在藩镇，蕞尔弹丸，未参内政。且福康安一破台湾，而遂有贝子郡王之赏；曾、左反噬洪氏，挈大圭九鼎以付满洲，爵不过通侯，位不过虚名之内阁。曾氏在日，犹必谄事官文，始得保全首领。较其轻重，计其利害，岂可同日而道！近世军机首领，必在宗藩。夫大君无为，而百度自治。为首领者，亦以众员供其策使。彼恭、醇二邸之仰成，而沈、李、翁、孙之有事，乃适见此为奴隶而彼为主人也。阶位虽高，犹之阉宦仆竖而赐爵仪同者，彼固仰承风旨云尔，曷能独行其意哉？

一条鞭法，名为永不加赋，而耗羡、平余犹在正供之外。徭役既免，

章太炎

民无恶声，而舟车工匠遇事未尝获免。彼既以南米供给驻防。亦知民志不怡，而不得不借美名以媚悦之。玄烨、弘历数次南巡，强勒报效，数若恒沙。己居尧、舜、汤、文之美名，而使佞幸小人间接以行其聚敛，其酷有甚于加税开矿者。观唐甄之《潜书》与袁枚之《致黄廷桂书》，则可知矣。庄生有云：狙公赋芋，朝三暮四，众狙皆怒；朝四暮三，众狙皆悦。名实未亏，而喜怒为用，此正满洲行政之实相也。

况于廷杖虽除，诗案史祸较诸廷杖，毒螫百倍。康熙以来，名世之狱，嗣庭之狱，景祺之狱，周华之狱，中藻之狱，锡侯之狱，务以摧折汉人，使之噤不发语。虽李绂、孙嘉淦之无过，犹一切被赭贯木以挫辱之。至于近世戊戌之变，长素所身受，而犹谓满洲政治为大地万国所未有。呜呼！斯诚大地万国所未有矣！李陵有言："子为汉臣，安得不云尔乎？"

夫长素所以不认奴隶，力主立宪，以摧革命之萌芽者，彼固终日屈心忍志，以处奴隶之地者尔。欲言立宪，不得不以皇帝为圣明。举其诏旨，有云"一夫失职，自以为罪"者，而谓"亟亟欲开议院，使国民咸操选举之权以公天下，其仁如天，至公如地，视天位如敝屣"。然后可以言皇帝复辟而宪政必无不行之虑。则吾向者为《正仇满论》，既驳之矣。盖自乙未以后，彼"圣主"所长虑却顾坐席不暖者，独太后之废置我耳。殷忧内结，智计外发。知非变法无以交通外人，得其欢心，非交通外人，得其欢心，无以挟持重势而排沮太后之权力。载湉小丑，未辨菽麦，铤而走险，固不为满洲全部计。长素乘之，投间抵隙，其言获用。故戊戌百日之政，足以书于盘盂，勒于钟鼎，其迹则公，而其心则只以保吾权位也。曩令制度未定，太后夭殂，南面听治，知天下之莫予毒，则所谓新政者，亦任其迁延堕坏而已。非直堕坏，长素所谓"拿破仑第三新为民主，力行利民，已而夜宴伏兵，擒议员百数及知名士千数，尽置于狱"者，又将见诸今日。

……

今夫建立一政，登用一人，而肺腑昵近之地群相谯诮，朋疑众难杂沓而至，自非雄杰独断如俄之大彼得者，固弗能胜是也。共、骥四子，于尧皆葭莩姻娅也，靖言庸回，而尧亦不得不任用之。今其所谓圣明之主者，其聪明文思果有以愈于尧耶？其雄杰独断果有以侪于俄之大彼得者耶？往者戊戌变政，去五寺三巡抚如拉枯，独驻防则不敢撤。彼圣主之力与满洲全部之力，果孰优孰绌也？由是言之，彼其为私，则不欲变法矣；彼其为公，则亦不能变法矣。长素徒以诏旨美谈视为实事，以此诳耀天下。独不读刘知几《载文》之篇乎？谓魏、晋以后，诏敕皆责成群下，藻饰既工，事无不可。故观其政令，则辛、癸不如；读其诏诰，则勋、华再出。此足以知戊戌行事之虚实矣。

且所谓立宪者，固将有上下两院，而下院议定之案，上院犹得以可否之。今上院之法定议员，谁为之耶？其曰皇族，则亲王、贝子是已；其曰贵族，则八家与内外蒙古是已。是数者，皆汉族之所无，而异种之所特有，是议权仍不在汉人也。所谓满、汉平等者，必如奥、匈二国，并建政府，而统治于一皇，为双立君主制而后可。使东三省尚在，而满洲大长，得以兼统汉人，吾民犹勉自抑制以事之。今者满洲故土既攘夺于俄人，失地当诛，并不认为满洲君主，而何双立君主之有？夫戴此失地之天因，以为汉族之元首，是何异取罪人于囹圄而奉之为大君也！乃曰："朋友之交，犹贵久要不忘，安有君臣之际，受人之知遇，因人之危难，中道变弃，乃反戈倒攻者？"诚如是，则载湉者，固长素之私友，而汉族之公仇也。……

虽然，如右所言，大抵关于种类，而于情伪得失未暇论也。则将复陈斯旨，为吾汉族筹之，可乎？长素以为："革命之惨，流血成河，死人如麻，而其事卒不可就。"然则立宪可不以兵刃得之耶？既知英、奥、德、意诸国，数经民变，始得自由议政之权。民变者，其徒以口舌变乎？抑将以长戟劲弩飞丸发旐变也？近观日本立宪之始，虽徒以口舌成之，而攘夷覆幕之师在其前矣。使前日无此血战，则后之立宪亦不能成。故知流血成河、死人如麻为立宪所无可幸免者。长素亦知其无可幸免，于是迁就其说以自文，谓"以君权变法，则欧美之政术艺器，可数年而尽举之"。夫如是，则固君权专制也，非立宪也。阔普通武之请立宪，天下尽笑其愚，岂有立宪而可上书奏请者？立宪可请，则革命亦可请乎？以一人之诏旨立宪，宪其所宪，非大地万国所谓宪也。长素虽与载湉久处，然而人心之不相知，犹挃一体而他体不知其痛也。载湉亟言立宪，而长素信其必能立宪，然则今有一人执长素而告之曰："我当酿四大海水以为酒。"长素亦信其必能酿四大海水以为酒乎？夫事之成否，不独视其志愿，亦视其才略何如。长素之皇帝，圣仁英武如彼，而何以刚毅能挟后力以尼新法，荣禄能造谣诼以耸人心，各督抚累经严旨皆观望而不辨，甚至章京受戮，己亦幽废于瀛台也？人君者，善恶自专，其威大矣。虽以文母之抑制，佞人之谗唊，而秦始皇之在位，能取太后、嫪毒、不韦而踣覆之，今载湉何以不能也？幽废之时，犹曰爪牙不具；乃至庚子西幸，日在道涂，已脱幽居之

章太炎

轵，尚不能转移俄顷，以一身逃窜于南方，与太后分地而处。其孱弱少用如此，是则仁柔寡断之主，汉献、唐昭之俦耳。太史公曰："为人君父而不知《春秋》之义者，必蒙首恶之名。"是故志士之任天下者，本无实权，不得以成败论之，而皇帝则不得不以成败论之。何者？有实权而不能用。则不得窃皇帝之虚名也。夫一身之不能保，而欲其与天下共忧；督抚之不能制，而欲其使万姓守法，庸有几乎？

事既无可奈何矣，其明效大验已众箸于天下矣。长素则为之解曰："幽居而不失位，西幸而不被弑，是有天命存焉。"王者不死，可以为他日必能立宪之征。呜呼！王莽渐台之语曰："天生德于予，汉兵其如予何？"今之载湉，何幸有长素以代为王莽也。必若图录有征，符命可信，则吾亦尝略读纬书矣。纬书尚繁，《中庸》一篇，固为赞圣之颂，往时魏源、宋翔凤辈皆尝附之三统三世，谓可以前知未来，虽长素亦或竺信者也。然而《中庸》以"天命"始，以"上天之载，无声无臭"终。"天命"者，满洲建元之始也；"上天之载"者，载湉为满洲末造之亡君也。此则建夷之运，终于光绪；努儿哈赤之祚，尽于二百八十八年。语虽无稽，其彰明较箸，不犹愈于长素之谈天命者乎？

要之，拨乱反正，不在天命之有无，而在人力之难易。今以革命比之立宪，革命犹易，立宪犹难。何者？立宪之举，自上言之，则不独专恃一人之才略，而兼恃万姓之合意；自下言之，则不独专恃万姓之合意，而兼恃一人之才略。人我相待，所倚赖者为多。而革命则既有其合意矣，所不敢证明者，其才略耳。然则立宪有二难，而革命独有一难。均之难也，难易相较，则无宁取其少难而差易者矣。虽然，载湉一人之才略，则天下信其最绌矣。而谓革命党中必无有才略如华盛顿、拿破仑者，吾所不敢必也。虽华盛顿、拿破仑之微时，天下亦岂知有华盛顿、拿破仑者？而长素徒以阿坤鸦度一蹶不振相校。今天下四万万人之才性，长素岂尝为其九品中正，而一切检察差第之乎！借曰此魁梧绝特之彦，非中国今日所能有，尧、舜固中国人矣，中国亦望有尧、舜之主出而革命，使本种不亡已耳，何必望其极点如华盛顿、拿破仑者乎？

长素以为"中国今日之人心，公理未明，旧俗俱在，革命以后，必将日寻干戈。偷生不暇，何能变法救民，整顿内治？"夫公理未明，旧俗俱在之民，不可革命而独可立宪，此又何也？岂有立宪之世，一人独圣于上，而天下皆生番野蛮者哉？虽然，以此讥长素，则为反唇相稽，校轸无已。吾曰不可立宪，长素犹曰不可革命也。则应之曰：人心之智慧，自竞争而后发生。今日之民智，不必恃他事以开之，而但恃革命以开之。

且勿举华、拿二圣，而举明末之李自成。李自成者，迫于饥寒，揭竿而起，固无革命观念，尚非今日广西会党之俦也。然自声势稍增，而革命之念起。革命之念起，而剿兵、救民、赈饥、济困之事兴。岂李自成自生而有是志哉？竞争既久，知此事之不可已也。虽然，在李自成之世，则赈饥、救困为不可已；在今之世，则合众、共和为不可已。是故以赈饥、济困结人心者，事成之后或为枭雄；以合众、共和结人心者，事成之后必为民主。民主之兴，实由时势迫之，而亦由竞争以生此智慧者也。征之今日，义和团初起时，惟言"扶清灭洋"，而景廷宾之师则知"扫清灭洋"矣。今日广西会党，则知不必开衅于西人，而先以扑灭满洲、剿除官吏为能事矣。唐才常初起时，深信英人，密约漏情，乃卒为其所卖。今日广西会党，则知己为主体，而西人为客体矣。人心进化，孟晋不已，以名号言，以方略言，经一竞争，必有胜于前者。今之广西会党，其成败虽不可知，要之，继此而起者，必视广西会党为尤胜，可预言也。

然则公理之未明，即以革命明之；旧俗之俱在，即以革命去之。革命非天雄大黄之猛剂，而实补泻兼备之良药矣！

长素以为今之言革命者，"或托外人运械，或请外国练军，或与外国立约，或向外国乞师"；"卒之堂堂大国，谁肯与乱党结盟？可取则取之耳"。吾以为今日革命，不能不与外国委蛇，虽极委蛇，犹不能不使外人干涉。此固革命党所已知，而非革命党所未知也。日本之覆幕也，法人尝通情于大将军，欲为代平内乱，大将军之从之与否，此固非覆幕党所能预知，然以人情自利言之，则从之为多数，而不从为少数。幸而不从，是亦覆幕党所不料也。而当其歃血举义之时，固未尝以其必从而少沮。今者人知恢复，略有萌芽，而长素何忍以逆料未中之言，沮其方新之气乎？呜呼！生二十世纪难，知种界难，新学发见难，直人心奋厉时难。前世圣哲，或不遇时；今我国民，幸睹精色。哀此汉种，系此刹那。谁无父母？谁无心肝？何其夭阏之不遗余力，幸同种之为奴隶，以必信其言之中也！且运械之事，势不可无；而乞师之举，不必果有。今者西方数省外，稍负海而内有险阻之形势，可以利用外人而不为外人所干涉者，亦未尝无其地也。略得数道，为之建立政府，百度维新，庶政具举。彼外人者，亦视势利所趋耳，未成则欲取之，小成则未有不认为与国者，而何必沾沾多虑为乎！

……

若夫今之汉人,判涣无群,人自为私,独甚于汉、唐、宋、明之季。是则然矣,抑谁致之而谁迫之耶?吾以为今人虽不尽以逐满为职志,或有其志而不敢讼言于畴人,然其轻视鞑靼,以为异种贱族者,此其种性,根于二百年之遗传,是固至今未去者也。往者陈名夏、钱谦益辈,以北面降虏,贵至内阁,而未尝建白一言,有所补助,如魏徵之于太宗、范质之于艺祖者。彼固曰异种贱族,非吾中夏神明之胄,所为立于其朝者,特曰冠貂蝉、袭青紫而已,其存听之,其亡听之。若曰为之驰驱效用,而有所补助于其一姓之永存者,非吾之志也。理学诸儒,如熊赐履、魏象枢、陆陇其、朱轼辈,时有献替,而其所因革,未有关于至计者。虽曾、胡、左、李之所为,亦曰建殊勋、博高爵耳,功成而后,于其政治之盛衰,宗稷之安危,未尝有所筹画焉,是并拥护一姓而亦非其志也。其他朝士,入则弹劾权贵,出则搏击豪强,为难能可贵矣;次即束身自好,优游卒岁,以自处于朝隐;而下之贪墨无艺怯懦忘耻者,所在皆是。三者虽殊科,要其大者不知会计之盈绌,小者不知断狱之多寡,苟得廪禄以全吾室家妻子,是其普通之术矣。无他,本陈名夏、钱谦益之心以为心者,固二百年而不变也。明之末世,五遭倾覆,一命之士,文学之儒,无不建义旗以抗仇敌者。下至贩夫乞子,儿童走卒,执志不屈,而仰药劁刃以死者,不可胜计也。今者北京之破,民则愿为外国之顺民,官则愿为外国之总办。食其俸禄,资其保护,尽顺天城之中,无不牵羊把茅,甘为贰臣者,若其不事异姓,躬自引决,缙绅之士,殆无一人焉。无他,亦曰异种贱族,非吾中夏神明之胄,所为立于其朝者,特曰冠貂蝉、袭青紫而已。其为满洲之主则听之,其为欧、美之主则听之。本陈名夏、钱谦益之心以为心者,亦二百年而不变也。然则满洲弗逐,而欲士之争自濯磨,民之敌忾效死,以期至乎独立不羁之域,此必不可得之数也。浸微浸衰,亦终为欧、美之奴隶而已矣。非种不锄,良种不滋;败群不除,善群不殖。自非躬执大彗,以扫除其故家污俗,而望禹域之自完也,岂可得乎?(以上录旧著《正仇满论》)

夫以种族异同明白如此,情伪得失彰较如彼,而长素犹偷言立宪而力排革命者,宁智不足、识不逮耶?吾观长素,二十年中变易多矣。始孙文倡义于广州,长素尝遣陈千秋、林奎往,密与通情;及建设保国会,亦言保中国,不保大清。斯志固在革命者。未几,瞑眴于富贵利禄,而欲与素志调和,于是戊戌柄政,始有变法之议。事败亡命,作衣带诏,立保皇会,以结人心。然庚子汉口之役,犹以借遵皇权密约唐才常等,卒为张之洞所发。当是时，素志尚在，未尽澌灭也。唐氏既亡，保皇会亦渐溃散，长素自知革命之不成，则又瞑瞒于富贵利禄，而今之得此，非若畴昔之易，于是宣布是书。其志岂果在保皇立宪耶？亦使满人闻之，而曰长素固忠贞不贰，竭力致死，以保我满洲者，而向之所传借遵皇权，保中国不保大清诸语，是皆人之所以诬长素者，而非长素故有是言也。荣禄既死，那拉亦耄，载湉春秋方壮，他日复辟必有其期。而满洲之新起柄政者，其势力权藉或不如荣禄诸奸，则工部主事可以起复，虽内阁军机之位亦可以觊觎矣。长素固云："穷达一节，不变塞焉，盖有之矣，我未之见也。"

抑吾有为长素忧者，向日革命之议，哗传于人间，至今未艾。陈千秋虽死，孙文、林奎尚在；唐才常虽死，张之洞尚在；保国会之微言，不箸竹帛，而入会诸公尚在。其足以证明长素之有志革命者，不可件举。虽满人之愚蒙，亦未必遽为长素欺也。呜呼哀哉！"南海圣人"，多方善疗，而梧鼠之技，不过于五，亦有时而穷矣。满人既不可欺，富贵既不可复，而反使炎黄遗胄受其蒙蔽，而缓于自立之图。惜乎！己既自迷，又使他人沦陷，岂直二缶钟惑而已乎！此吾所以不得不为之辨也。

若长素能跃然祗悔，奋厉朝气，内量资望，外审时势，以长素魁垒耆硕之誉闻于禹域，而弟子亦多言革命者，少一转移，不失为素王玄圣。后王有作，宣昭国光，则长素之像屹立于星雾，长素之书尊藏于石室，长素之迹葆覆于金塔，长素之器配崇于铜柱，抑亦可以尉荐矣。藉曰死权之念过于殉名，少安毋躁，心待新皇。虽长素已槁项黄馘，卓茂之尊荣，许靖之优养，犹可无操左契而获之。以视名实俱丧，为天下笑者何如哉？书此。敬问起居，不具。章炳麟白。

狱中答《新闻报》

读《新闻报·论革命党》一篇，保皇、拒俄、阻法，义勇队、国民会诸事，不知何人发端，而吾章炳麟未尝与焉。自十六七岁时读蒋氏《东华录》《明季稗史》，见夫扬州、嘉定，戴名世、曾静之事，仇满之念固已勃然在胸。中岁主《时务报》，与康、梁诸子委蛇，亦尝言及变法。当是时，固以为民气获伸，则满洲五百万人必不能自立于汉土。其言虽与今异，其旨则与今同。昔为间接之革命，今为直接之革命，何有所谓始欲维新，终创革命者哉？《訄书》之作，与康、梁保皇同时。巴县邹容肄业日本，元旦演说，已大倡排满主义。此皆在拒俄阻法、义勇队、国民会之先，孰云始为大清国民，无端而不认大清者？

夫民族主义炽盛于二十世纪，逆胡羶虏，非我族类，不能变法当革，能变法亦当革；不能救民当革，能救民亦当革。吾之序《革命军》，以为革命、光复，名实大异。从俗言之，则曰革命；从吾辈之主观言之，则曰光复。会朝清明，异于汤、武；攘除贵族，异于山岳党。其为希腊、意大利之中兴则是矣，其为英、法之革命则犹有小差也。

逆胡挑衅，兴此大狱，盗憎主人，固亦其所。吾辈书生，未有寸刀尺匕足与抗衡。相延入狱，志在流血，性分所定，上可以质皇天后土，下可以对四万万人矣。而租界权利为外人所必争，坚持此狱，不令陷入内地。此自各行其志，与吾辈宗旨不同。既以租界为大罗，而欲轶出界外以求流血，此必不可得之数也。谁为吾辈请律师、筹讼费者？下狱之日，神气激扬，宁暇谋及此事？而以四万万人之公心，激于义愤，而相率奔走驰逐以图之。吾以致命遂志为心，彼以公理战胜为的，亦任其从旁规画而已。愚者不察，辄以始勇终怯，妄相诋诮，岂非见夏峰之营救，而讥左、魏之贪生耶？且今日狱事起于满洲政府，以满洲政府与汉种四万万人构此大讼，江督、关道则满洲政府之代表，吾辈数人则汉种四万万人之代表。为四万万人者，固欲本种之获伸，而不欲其为异种所胜。况乎满、汉争讼，则裁判之权自非满洲官吏所能有，以英、美诸国中立而判此狱，于法则宜。宁能听其阑出租界，使裁判之权悉归于诉讼人之手乎？此固四万万人之公心，而非吾辈所能阻止，亦非吾辈所当阻止者也。

　　去矣，新闻记者！同是汉种，同是四万万人之一分子，亡国覆宗，祀逾二百，奴隶牛马，躬受其辱。不思祀夏配天，光复旧物，而惟以维新革命，锱铢相较，大勇小怯，秒忽相衡。斥鷃井蛙，安足与知鲲鹏之志哉！去矣，新闻记者！浊醪夕引，素琴晨张，郁素霞之奇意，入修夜之不旸。天命方新，来复不远，请看五十年后，铜像巍巍立于云表者，为我为尔，坐以待之，无多聒聒可也。

狱中与威丹唱和诗

威丹素知雕刻摹篆之术，因窥小学，诵五百四十部首，说解皆略上口，而不习为韵语。既入狱，欲以诗语解闷。余曰："第为之，虽不工亦无害。"威丹即题涂山为一绝。涂山在蜀，世传涂山女故国也。其诗曰：

苍崖坠石连云走，药叉带荔修罗吼。
辛壬癸甲今何有？且向东门牵黄狗。

余素疑威丹不能诗，及读是绝，奇谲似卢仝、李贺，以为天才。戏作一绝和之，曰：

头如蓬葆犹遭购，足有旋轮未善驰。
天为老夫留后劲，吾家小弟始能诗。

狱久不决，量满洲政府意，余当重于威丹。计齿则余长威丹且二十岁，百年大剂，先死固其分也。《涂山》一绝，比之李斯之思上蔡，既非身具五刑，则斯言亦为泰过，不意斯人先我雕殒。扬子有曰："苗而不秀者，吾家之童乌呼！"威丹固蜀人，上揆童乌，所志已远；亦幸余非扬子，无寂寞投阁之诟耳。

狱事既决，狱卒始不以人道相待。时犹闭置空室，未入铁槛。视狱卒凌暴状，相与咋舌裂眦。余语威丹："尔我体皆弱，又不忍辱，与为白人陵藉而死也，毋宁早自为计。然以禁锢期限计之，我三年，尔二年，尔当生，我当死。"威丹哽咽流涕曰："兄死，余不得不死。"余曰："不闻子胥兄弟事耶？且白人内相凌逼，而外犹恶其名。余死，彼惧烦言之不解也，必宽假尔。"因复议引决事。时力索金环毒药诸物，既被禁绝，惟饿死。威丹曰："饿死，小丈夫事也。"余曰："中国饿死之故鬼，第一伯夷，第二龚胜，第三司空图，第四谢枋得，第五刘宗周。若前三子者，吾不为；若后二子，吾为之。"因作《绝命词》三首，前二首与威丹联句成者，最后一绝则余续成之：

击石何须博浪椎？（邹）群儿甘自作湘累。（章）

要离祠墓今何在？（章）愿借先生土一抔。（邹）

平生御寇御风志，（邹）近死之心不复阳。（章）
愿力能生千猛士，（邹）补牢未必恨亡羊。（章）

句东前辈张玄箸，天盖遗民吕晦公。
兵解神仙儒发冢，我来地水火风空。

　　既入铁槛，余断食七日不死。方五六日所，稍作欬，必呕血数刀圭。因忆周亚夫事，非必由愤懑致之，盖不食则血上溢也。同系者告余曰："断食七日不必死。有素嗜罂粟膏者，眩掉呕写，绝粒四十二日，犹故不死。况于彼为六分之一耶？"因复进食。然所食皆麦饭带稃，日食三合，粗粝鲠会咽，顾视便利，则麦复带稃而出。其不能输精成血可知。

　　同系五百人，一岁死者百六十人，盖三分而瘐毙其一矣。余复谓威丹曰："食亦死。知必死，吾有处之之道。"自是狱卒陵藉，余亦以拳拟之，或夺其椎。固自知力不逮，亦太史公所谓"知死必勇"者。以是遭狱卒踶跌二次。印度人尤暴横，每举足，不择腰脊腹背，既仆地，则数狱卒围而击之，或持椎捣其胸间，至闷绝，乃牵入铁槛中。以伤死者甚众，既无检尸具结之事故恣肆无所顾忌。或时为医生检得，则罚金四五元耳。而狱卒复造私刑为钳制计，其法以帆布为梏，反接两手缚之，加以木楔，名曰"软梏"。梏一小时许，则血管麻木，两臂如针刺状，虽巨盗弗能胜，号呼宛转，声彻全狱。其虐较拶指为甚。凡狱囚与外交通书札，则以此钳制之，故暴戾之状不闻于外。余复受梏三次（自去岁上海罢市后，白人危惧，囚者始得稻食，狱卒陵暴亦稍衰矣，而软梏至今犹存）。由今思之，可以致死者数矣。威丹略解英语，稍与委蛇，未罹斯酷。而威丹竟先余死，呜呼哀哉！

　　仲春二月，时近清明，积阴不开，天寒雨湿，鸡鸣未已，吾弟以亡。旦日十点钟顷，余始往视，距气绝八小时矣，目犹未瞑。同系者亦多为疑案。呜呼哀哉！威丹既殁，向人稍善视余，使任执爨之役，因得恣意啖食。余之生，威丹之死为之也。假令业识不亡，复归旧趣，他日生千猛士，蒉然可知。恨含敛时，未令医师剖验，不知果以病终否耳。遗文泯绝，存此数章，愿与四百兆同种诵之。

东京留学生欢迎会演说辞

今日承诸君高谊，开会欢迎，实在愧不克当；况且自顾生平，并没有一长可恃，愈觉惭愧。只就兄弟平生的历史，与近日办事的方法，略讲给诸君听听。

兄弟少小的时候，因读蒋氏《东华录》，其中有戴名世、曾静、查嗣庭诸人的案件，便就胸中发愤，觉得异种乱华，是我们心里第一恨事。后来读郑所南、王船山两先生的书，全是那些保卫汉种的话，民族思想渐渐发达。但两先生的话，却没有甚么学理。自从甲午以后，略看东西各国的书籍，才有学理收拾进来，当时对着朋友，说这逐满独立的话，总是摇头，也有说是疯颠的，也有说是叛逆的，也有说是自取杀身之祸的。但兄弟是凭他说个疯颠，我还守我疯颠的念头。

壬寅春天来到日本，见着中山，那时留学诸公，在中山那边往来，可称志同道合的，不过一二个人。其余偶然来往的，总是觉得中山奇怪，要来看看古董，并没有热心救汉的心思。暗想我这疯颠的希望，毕竟是难遂的了，就想披起袈裟，作个和尚，不与那学界政界的人再通问讯。不料监禁三年以后，再到此地，留学生中助我张目的人，较从前增加百倍，才晓得人心进化，是实有的。以前排满复汉的心肠，也是人人都有，不过潜在胸中，到今日才得发现。自己以前所说的话，只比得那"鹤知夜半，鸡知天明。"夜半天明，本不是那只鹤、那只鸡所能办得到的，但是得气之先，一声胶胶喔喔的高啼，叫人起来作事，也不是可有可无。到了今日，诸君所说民族主义的学理，圆满精致，真是后来居上，兄弟岂敢自居先辈吗？只是兄弟今日还有一件要说的事，大概为人在世，被他人说个疯颠，断然不肯承认，除那笑傲山水诗豪画伯的一流人，又作别论，其余总是一样。独有兄弟却承认我是疯颠，我是有神经病，而且听见说我疯颠，说我有神经病的话，倒反格外高兴。为甚么缘故呢？大凡非常可怪的议论，不是神经病人，断不能想，就能想也不敢说。说了以后，遇着艰难困苦的时候，不是神经病人，断不能百折不回，孤行己意。所以古来有大学问成大事业的，必得有神经病才能作到。诸君且看那希腊哲学家琐格拉底，可不是有神经病的么？那提出民权自由的路索，为追一狗，跳过河去，这也实在是神经病。像我汉人，明朝熊廷弼的兵略，古来无二，然而看他《气性传》说，熊廷弼剪裁是个疯子。近代左宗棠的为人，保护满奴，残杀同类，原是不足道的。但他那出奇制胜的方略，毕竟令人佩服。这左宗棠少年在岳麓书院的事，种种奇怪，想是人人共知。更有德毕士马克，曾经在旅馆里头，叫唤堂官，没有答应，便就开起枪来，这是何等性情呢？仔细看来，那六人才典功业，都是神经病里流出来的。为这缘故，兄弟承认自己有神经病；也愿诸位同志，人人个个，都有一两分的神经病。近来有人传说，某某是有神经病，某某也是有神经病，兄弟看来，不怕有神经病，只怕富贵利禄当面现前的时候，那神经病立刻好了，这才是要不得呢！略高一点的人，富贵利禄的补剂，虽不能治他的神经病，那艰难困苦的毒剂，还是可以治得的，这总是脚跟不稳，不能成就甚么气候。兄弟尝这毒剂，是最多的。算来自戊戌年以后，已有七次查拿，六次都拿不到，到第七次方才拿到。以前三次，或因别事株连，或是普拿新党。不专为我一人；后来四次，却都为逐满独立的事。但兄弟在这艰难困苦的盘涡里头，并没有一丝一毫的懊悔，凭你甚么毒剂，这神经病总治不好。或者诸君推重，也未必不由于此。若有人说，假如人人有神经病，办事必定瞀乱，怎得有个条理？但兄弟所说的神经病，并不是粗豪卤莽，乱打乱跳，要把那细针密缕的思想，装载在神经病里。譬如思想是个货物，神经病是个汽船，没有思想，空空洞洞的神经病，必无实济；没有神经病，这思想可能自动的么？以上所说，是略讲兄弟平生的历史。

至于近日办事的方法，一切政治、法律、战术等项，这都是诸君已经研究的，不必提起。依兄弟看，第一要在感情，没有感情，凭你有百千万亿的拿破仑、华盛顿，总是人各一心，不能团结。当初柏拉图说："人的感情，原是一种醉病"。这仍是归于神经的了。要成就这感情，有两件事是最〈要〉的：第一、是用宗教发起信心，增进国民的道德；第二、是用国粹激动种性，增进爱国的热肠。

先说宗教。近来像宾丹、斯宾塞尔那一流人崇拜功利，看得宗教都是漠然。但若没有宗教，这道德必不得增进，生存竞争，专为一己，就要团结起来，譬如一碗的干麨子，怎能团得成面？欧、美各国的宗教，只奉耶稣基督，虽是极其下劣，若没有这基督教，也断不能到今日的地位。那伽得《社会学》中，已把斯宾塞尔的话，驳辩一过。只是我们中国的宗教，

应该用那一件？若说孔教，原有好到极处的。就是各种宗教，都有神秘难知的话杂在里头，惟有孔教，还算干净，但他也有极坏的。因为孔子当时，原是贵族用事的时代，一班平民是没有官作的，孔子心里要与贵族竞争，就教化起三千弟子，使他成就作官的材料。从此以后，果然平民有官作了。但孔子最是胆小，虽要与贵族竞争，却不敢去联合平民，推翻贵族政体。他《春秋》上虽有"非世卿"的话，只是口诛笔伐，并不敢实行的，所以他教弟子，总是依人作嫁，最上是帝师王佐的资格，总不敢觊觎帝位。及到最下一级，便是委吏乘田，也将就去作了。诸君看孔子生平，当时摄行相事的时候，只是依傍鲁君，到得七十二国周游数次，日暮途穷，回家养老，那时并且依傍季氏，他的志气，岂不一日短一日么？所以孔教最大的污点，是使人不脱富贵利禄的思想。自汉武帝专尊孔教以后，这热中于富贵利禄的人，总是日多一日。我们今日想要实行革命，提倡民权，若夹杂一点富贵利禄的心，就像微虫霉菌，可以残害全身。所以孔教是断不可用的。若说那基督教，西人用了，原是有益；中国用了，却是无益。因中国人的信仰基督，并不是崇拜上帝，实是崇拜西帝。最上一流，是借此学些英文、法文，可以自命不凡；其次就是饥寒无告，要借此混日子的；最下是凭仗教会的势力，去鱼肉乡愚，陵轹同类。所以中国的基督教，总是伪基督教，并没有真基督教。但就是真基督教，今日还不可用。因为真基督教，若野蛮人用了，可以日进文明；若文明人用了，也就退入野蛮。试看罗马当年，政治学术何等灿烂，及用基督教后，一切哲学都不许讲，使人人自由思想，一概堵塞不行，以致学问日衰，政治日敝，罗马也就亡了。那继起的日耳曼种，本是野蛮贱族，得些基督教的道德，把那强暴好杀的心，逐渐化去，就能日进文明，这不是明白的证据么？今日的中国，虽不能与罗马并称，却还可称伯仲，断不是初起的日耳曼种可相比例。所以真正的基督教，于中国也是有损无益。再就理论上说，他那谬妄可笑，不合哲学之处，略有学问思想的人，决定不肯信仰，所以也无庸议。

孔教、基督教，既然必不可用，究竟用何教呢？我们中国，本称为佛教国。佛教的理论，使上智人不能不信；佛教的戒律，使下愚人不能不信。通彻上下，这是最可用的。但今日通行的佛教，也有许多的杂质，与他本教不同的，必须设法改良，才可用得。因为净土一宗，最是愚夫愚妇所尊信的。他所求的，只是现在的康乐，子孙的福泽。以前崇拜科名的人，又将那最混账的《太上感应篇》《文昌帝君阴骘文》等，与净土合为一气，烧纸、拜忏、化笔、扶箕，种种可笑可丑的事，内典所没有说的，都一概附会进去。所以信佛教的，只有那卑鄙恶劣的神情，并没有勇猛无畏的气概。我们今日要用华严、法相二宗改良旧法。这华严宗所说，要在普度众生，头目脑髓，都可施舍与人，在道德上最为有益。这法相宗所说，就是万法惟心。一切有形的色相，无形的法尘，总是幻见幻想，并非实在真有。近来康德、索宾霍尔诸公，在世界上称为哲学之圣。康德所说"十二范畴"，纯是"相分"的道理。索宾霍尔所说："世界成立全由意思盲动"，也就是"十二缘生"的道理，却还有许多哲理，是诸公见不到的。所以今日德人崇拜佛教，就是为此，在哲学上今日也最相宜。要有这种信仰，才得勇猛无畏，众志成城，方可干得事来。佛教里面，虽有许多他力摄护的话，但就华严、法相讲来，心佛众生，三元差别。我所靠的佛祖仍是靠的自心，比那基督教人依傍上帝，扶墙摸壁，靠山靠水的气象，岂不强得多吗？

　　有的说中国佛教，已经行了二千年，为甚没有效果？这是有一要点。大概各教可以分为三项：一是多神教，二是一神教，三是无神教。也如政体分为三项：一是贵族政体，二是君主政体，三是共和政体。必要经过君主政体的阶级，方得渐入共和政体；若从这贵族政体，一时变成共和政体，那共和政体必带种种贵族的杂质。必要经过一神教的阶级，方得渐入无神教，若从这多神教一时变成无神教，那无神教必带种种多神教的杂质。中国古代的道教，这就是多神教。后来佛教进来，这就是无神教。中间未经一神教的阶级，以致世人看佛，也是一种鬼神，与那道教的种种鬼神，融化为一。就是刚才所说的烧纸、拜忏、化笔、扶箕等类，是袁了凡、彭尺木、罗台山诸人所主张的。一般社会，没有一人不堕这坑中，所以佛教并无效果。如今基督教，崇拜一神，借摧陷廓清的力，把多神教已经打破，所以再行佛教，必有效果可见的了。

　　有的说印度人最信佛教，为甚亡国？这又是一要点。因为印度所有，只是宗教，更没甚么政治法律。这部《摩拿法典》，就是婆罗门所撰定。从来没有政治法律的国，任用何教，总是亡国。这咎不在佛教，在无政治法律。我中国已有政治法律，再不会像印度一样。若不肯信，请看日本可不是崇信佛教的国么？可像那印度一样亡国么？

　　有的说佛教看一切众生，皆是平等，就不应生民族思想，也不应说逐满复汉。殊不晓得佛教最重平等，所以妨碍平等的东西，必要除去。满洲政府待我汉人种种不平，岂不应该攘逐？且如婆罗门教分出四性阶级，在佛教中最所痛恨。如今清人待我汉人，比那刹帝利种虐待首陀更要利害十倍。照佛教说，逐满复汉，正是分内的事。又且佛教最恨君权，大乘戒律都说："国王暴虐，菩萨有权，应当废黜。"又说："杀了一人，能救众人，这就是菩萨行。"其余经论，王贼两项，都是并举。所以佛是王子，出家为僧，他看作王就与作贼一样，这更与恢复民权的话相合。所以提倡佛教，为社会道德上起见，固是最要；为我们革命军的道德上起见，亦是最要。总望诸君同发大愿，勇猛无畏。我们所最热心的事，就可以干得起来了。

次说国粹。为甚提倡国粹？不是要人尊信孔教，只是要人爱惜我们汉种的历史。这个历史，是就广义说的，其中可以分为三项：一是语言文字，二是典章制度，三是人物事迹。近来有一种欧化主义的人，总说中国人比西洋人所差甚远，所以自甘暴弃，说中国必定灭亡，黄种必定剿绝。因为他不晓得中国的长处，见得别无可爱，就把爱国爱种的心，一日衰薄一日。若他晓得，我想就是全无心肝的人，那爱国爱种的心，必定风发泉涌，不可遏抑的。兄弟这话，并不像作《格致古微》的人，将中国同欧洲的事，牵强附会起来；又不像公羊学派的人，说甚么三世就是进化，九旨就是进夷狄为中国，去仰攀欧洲最浅最陋的学说，只是就我中国特别的长处，略提一二：

先说语言文字。因为中国文字，与地球各国绝异，每一个字，有他的本义，又有引申之义。若在他国，引申之义，必有语尾变化，不得同是一字，含有数义。中国文字却是不然。且如一个天字，本是苍苍的天，引申为最尊的称呼，再引申为自然的称呼。三义不同，总只一个天字。所以有《说文》《尔雅》《释名》等书，说那转注、假借的道理。又因中国的话，处处不同，也有同是一字，彼此声音不同的；也有同是一物，彼此名号不同的。所以《尔雅》以外，更有《方言》，说那同义异文的道理。这一种学问，中国称为"小学"，与那欧洲"比较语言"的学，范围不同，性质也有数分相近。但是更有一事，是从来小学家所未说的，因为造字时代先后不同，有古文大篆没有的字，独是小篆有的；有小篆没有的字，独是隶书有的；有汉时隶书没有的字，独是《玉篇》《广韵》有的；有《玉篇》《广韵》没有的字，独是《集韵》《类篇》有的。因造字的先后，就可以推见建置事物的先后。且如《说文》兄、弟两字，都是转注，并非本义，就可见古人造字的时代，还没有兄弟的名称。又如君字，古人只作尹字，与那父字，都是从手执杖，就可见古人造字的时代，专是家族政体，父权君权,并无差别。其余此类,一时不能尽说。发明这种学问,也是社会学的一部。若不是略知小学,史书所记,断断不能尽的。近来学者,常说新事新物逐渐增多,必须增造新字,才得应用,这自然是最要,但非略通小学,造出字来,必定不合六书规则。至于和合两字,造成一个名词,若非深通小学的人,总是不能妥当。又且文词的本根,全在文字,唐代以前,文人都通小学,所以文章优美,能动感情。两宋以后,小学渐衰,一切名词术语,都是乱搅乱用,也没有丝毫可以动人之处。究竟甚么国土的人,必看甚么国土的文,方觉有趣。像他们希腊、梨俱的诗,不知较我家的屈原、杜工部优劣如何?但由我们看去,自然本种的文词,方为优美。可惜小学日衰,文词也不成个样子。若是提倡小学,能够达到文学复古的时候,这爱国保种的力量,不由你不伟大的。

第二要说典章制度。我个〔们〕中国政治,总是君权专制,本没有甚么可贵,但是官制为甚么要这样建置?州郡为甚么要这样分划?军队为甚么要这样编制?赋税为甚么要这样征调?都有一定的理由,不好将专制政府所行的事,一概抹杀。就是将来建设政府,那项须要改良?那项须要复古?必得胸有成竹,才可以见诸施行。至于中国特别优长的事,欧、美各国所万不能及的,就是均田一事,合于社会主义。不说三代井田,便从魏、晋至唐,都是行这均田制度。所以贫富不甚悬绝,地方政治容易施行。请看唐代以前的政治,两宋至今,那能仿佛万一。这还是最大最繁的事,其余中国一切典章制度,总是近于社会主义,就是极不好的事,也还近于社会主义。兄弟今天略举两项:一项是刑名法律。中国法律虽然近于酷烈,但是东汉定律,直到如今没有罚钱赎罪的事,惟有职官妇女偶犯答杖等刑,可以收赎。除那样人之外,凭你有陶朱、猗顿的家财,到得受刑,总与贫人一样。一项是科场选举。这科举原是最恶劣的,不消说了,但为甚隋、唐以后,只用科举,不用学校?因为隋、唐以后,书籍渐多,必不能像两汉的简单。若要入学购置书籍,必得要无数金钱。又且功课繁多,那作工营农的事,只可阁〔搁〕起一边,不能像两汉的人,可以带经而锄的。惟有律赋诗文,只要花费一二两的纹银,就把程墨可以统统买到,随口咿唔,就像唱曲一般,这作工营农的事,也还可以并行不悖,必得如此,贫人才有作官的希望。若不如此,求学入官,不能不专让富人,贫民是沈沦海底,永无参预政权的日了。这两件事,本是极不好的,尚且带几分社会主义的性质,况且那好的么?我们今日崇拜中国的典章制度,只是崇拜我的社会主义。那不好的,虽要改良;那好的,必定应该顶礼膜

拜,这又是感情上所必要的。

第三要说人物事迹。中国人物,那建功立业的,各有功罪,自不必说,但那俊伟刚严的气魄,我们不可不追步后尘。与其学步欧、美,总是不能像的;何如学步中国旧人,还是本来面目。其中最可崇拜的,有两个人:一是晋末受禅的刘裕,一是南宋伐金的岳飞,都是用南方兵士打胜胡人,可使我们壮气。至于学问上的人物,这就多了。中国科学不兴,惟有哲学,就不能甘居人下。但是程、朱、陆、王的哲学,却也无甚关系。最有学问的人,就是周秦诸子,比那欧洲、印度,或者难有定论;比那日本的物茂卿、太宰纯辈,就相去不可以道里计了。日本今日维新,那物茂卿、太宰纯辈,还是称颂弗衰,何况我们庄周、荀卿的思想,岂可置之脑后?近代还有一人,这便是徽州休宁县人,姓戴名震,称为东原先生,他虽专讲儒教,却是不服宋儒,常说"法律杀人,还是可救;理学杀人,便无可救"。因这位东原先生生在满洲雍正之末。那满洲雍正所作朱批上谕,责备臣下,并不用法律上的说话,总说"你的天良何在?你自己问心可以无愧的么?"只这几句宋儒理学的话,就可以任意杀人。世人总说雍正待人最为酷虐,却不晓是理学助成的。因此那个东原先生痛哭流涕,作了一本小小册子……若要增进爱国的热肠,一切功业学问上的人物,须选择几个出来,时常放在心里,这是最紧要的。就是没有相干的人。古事古迹,都可以动人爱国的心思。当初顾亭林要想排斥满洲,却无兵力,就到各处去访那古碑古碣传示后人,也是此意。

以上所说,是近日办事的方法,全在宗教、国粹两项,兄弟今天,不过与诸君略谈,自己可以尽力的,总不出此两事。所望于诸君的,也便在此两事。总之,要把我的神经病质,传染诸君,更传染与四万万人。至于民族主义的学理,诸君今日已有余裕。发行论说刊刻报章的事,兄弟是要诸君代劳的了。

《洪秀全演义》序

演义之萌芽，盖远起于战国。今观晚周诸子说上世故事，多根本经典，而以己义增饰，或言或事，率多数倍。若《六韬》之托于太公，则演其事者也；若《素问》之托于岐伯，则演其言者也。演言者，宋、明诸儒因之为《大学》衍义；演事者，则小说家之能事，根据旧史，观其会通，察其情伪，推己意以明古人之用心，而附之以街谈巷议，亦使田家妇子知有秦、汉至今帝王师相之业。不然，则中夏齐民之不知国故，将与印度同列。然则演事者虽多皮傅，而存古之功亦大矣。禺山世次郎作《洪秀全演义》，盖比物斯志者也。

余惟满洲入据中国全土且三百年，自郑氏亡而伪业定，其间非无故家遗民推刃致果，然不能声罪以章讨伐，疡未大创，旋踵即仆，微洪王，则三才毁而九法斁。洪王起于三七之际，建旗金田，入定南都，握图籍十二年，旌旄所至，执讯获丑，十有六省。功虽不就，亦雁行于明祖。其时朝政虽粗略未具，而人物方略，多可观者。若石达开、林启荣、李秀成之徒，方之徐达、常遇春，当有过之。虏廷官书虽载，既非翔实，盗憎主人，又时以恶言相诋。近时始有收集故事，为太平天国战史者，文词骏骤，庶足以发潜德之幽光，然非里巷细人所识。

夫国家种族之事，闻者愈多，则兴起者愈广。诸葛武侯、岳鄂王事，牧猪奴皆知之，正赖演义为之昭宣令闻。次郎为此，其遗事既得之故老，文亦适俗。自兹以往，余知尊念洪王者，当与尊念葛、岳二公相等。昔人有言："舜何人也，余何人也。"洪王朽矣，亦思复有洪王作也。

丙午九月，章炳麟序。

《汉帜》发刊序

　　日本以太阳得名，中国以天汉立称，信哉星球世界非我汉人不能抚而有也。原汉建号之始，肇于刘氏，而戎狄以此为专奉大国之名。夫汉水东来，至于夏口，实为神州中央之地。夏本民族之称，则别称为汉，宜矣。索虏入关以来，汉乃日失其序，然名号犹与所谓满者相对。一二豪俊得依之以生起光复之念，而后乃今将树汉帜焉。顷者，汉族同志实基于此义，创一报，以发扬大汉之国徽，推倒满旗之色线，于是以"汉帜"定名。推斯志也，受小球大球，为大国缀旒可也。

　　汉人开国之四千六百零五年一月十有九日章炳麟序。

排满平议

人有恒言曰："玉卮无当，虽宝非用。"凡哲学之深密者类之矣。无政府主义者，与中国情状不相应，是亦无当者也。其持论浅率不周，复不可比于哲学。盖非玉卮，又适为牛角杯也。转而向上言公理者，与墨子天志相类。以理缚人，其去庄生之"齐物"不逮尚远。言幸福者，复与黄金时代之说同其迷惘，其去婆薮盘头舍福之说又愈远矣。诚欲普度众生，令一切得平等自由者，言无政府主义不如言无生主义也。转而向下为中国应急之方，言无政府主义不如言民族主义也。

今之非排满者，稍异宪党。盖谓支那民族自西方来，略苗人之地而有之。汉人视满人为当排，反顾苗人则己亦在当排之数。是故复仇者，私言也，非公理也。且汉人以侵略之怨而杀侵略者之子孙，被杀者之子孙又杀汉人，则是复仇终无已也。今以强权凌轹吾民者非独满人，虽汉人为满洲官吏者，其暴横复与满人无异，徒戮满人可乎？吾则应之曰：汉族自西方来非有历史成证，徒以考索以拟而得之。独《山海经》言身毒为轩辕所居，又异今说，非若满洲之侵汉土，其记载具在也。大地初就，陂陀四隤，淫水浸其边幅，是故人类所宅，独在中央高原。汉族自波迷罗（此《大唐西域记》所译字，今则作帕米尔）来，虽无史籍根据，其理不诬。若是，其始亦当自西方高原来。二者理证即相等，抑未知先据此土者为苗人耶？为汉人耶？

尚考苗种得名，其说各异。大江以南陪属偎俷之族，自周讫唐通谓之蛮，别名则或言獠、言俚、言陆梁，未有谓之苗者。称苗者自宋始，明非耆老相传。存此旧语，乃学者逆据《尚书》"三苗"之文以相傅丽耳。汉时诸蛮无苗名，说《尚书》者固不以三苗为荆蛮之族。《虞书》"窜三苗于三危"，马长季曰："三苗，国名也。缙云氏之后为诸侯，盖饕餮也。"《淮南·修务训》高诱注曰："三苗盖谓帝鸿氏之裔子浑敦、少昊氏之裔子穷奇、缙云氏之裔子饕餮，三族之苗裔，故谓之三苗。"此则先汉诸师说三苗者，皆谓是神灵苗裔，与今时苗种不涉。或言今之苗种本由马留合

音，凡幽、尤与宵、肴、豪古今音皆相流变，故马留切音为苗（马留亦作马流。《水经注》引晋时豫章人俞益期与韩康伯书曰："马文渊立两铜柱于林邑，岸北有遗兵十余家不反，悉姓马，自婚姻，今有二百户。交州以其流寓，号曰马流。言语饮食尚与华同。"案马流今音转为马来，本是南方土著，称以马援旧部，谅为失实。盖杂处既久，汉人亦自号马流耳），双声相转或谓之蛮，或谓之闽，皆自一语变化而成。其与三苗据师说则非一种。

藉令马、高旧训或有差讹，则三苗容是今之苗族。然其相宅神州，与汉族孰先孰后，史官亦无以质言矣。假令苗族先来此土，而汉族从后侵略之，苗人视汉诚在当排之数；其或同时焱至，互争邑落，是犹滇、蜀间之争火井，海滨种吉贝者之争沙洲，两无曲直，得之则是。间田瓯脱，更无第三人为其主者，既见为汉人所有，则曰汉人所有而已。若汉族先来此土更千百年，苗人随而东下，以盗我田庐，窃我息壤，汉族复从后攘除之。是则汉族之驱苗族为光复也，非侵略也。今据历史所书，曰蚩尤惟始作乱，苗民弗用灵，制以刑。皇帝哀矜庶戮之不辜，报虐以威，遏绝苗民，无世在下。皇帝清问下民，鳏寡有辞于苗，乃命三后恤功于民。及言分北三苗诸事。而苗族、汉族之来居此土，先后未明，谈者出其私臆，以为汉族必侵略苗民者。夫史籍所载，既已暗昧难知，则何事不可任臆？昔者大荔、义渠蛮氏，陆浑诸戎及赤狄、白狄等，当春秋时荐食中国，与诸夏盟会。秦既并天下，使蒙恬将兵略地，西逐诸戎，北却众狄，筑长城以界之。及五胡俶扰，鲜卑宅于河、洛，号曰元魏，分为周、齐。隋唐之兴，鲜卑遂失其帝制。蒙古南牧，抚有神州，且及百祀。明祖驱之，令返塞外。使秦以前之史书皆灭，将谓中夏本戎狄旧邦，而秦皇以汉种侵略之矣。使隋唐以前之史书皆灭，将谓中夏本鲜卑旧邦，而隋唐诸帝以汉种篡取之矣。使明以前之史书皆灭，将谓中夏本蒙古旧邦，而明祖以汉种剽劫之矣。准此诸例，以为汉族侵苗族者，其不根亦犹是尔！

今以历史成证言之，苗族之来先于汉族，非有符验可寻也。汉族之来先于苗族，则犹有可质成者。案马长季《尚书》注曰：蚩尤，少昊之末，九黎君名。郑君曰：蚩尤霸天下，黄帝所伐者，学蚩尤为此者，九黎之君，在少吴之代也。如郑君说，蚩尤非九黎，九黎亦非即今黎种。若从近人假定之言，苗即三苗，黎即九黎，蚩尤为苗族酋豪，则历史言苗族者始此。准《逸周书·尝麦解》：昔天之初，命赤帝分正二卿，命蚩尤于宇少昊，以临四方。蚩尤乃逐帝，争于涿鹿之阿，九隅无遗。赤帝大慑，乃说于黄帝，执蚩尤杀之于中冀，用名之曰绝辔之野。准太史公《五帝本纪》：神农氏世衰，诸侯相侵伐，蚩尤为最暴。黄帝乃征师诸侯，与蚩尤战于涿鹿之野，遂禽杀蚩尤，而诸侯咸尊轩辕为天子，代神农氏。是则苗族始入乃在神农季世。当伏羲与神农全盛之代，未见有苗族踪迹也。苗族未来而汉族已先见史传，即明汉族之宅居此土为先于苗族矣。神农之末，既有诸侯，则蚩尤特诸侯之一，亦犹春秋戎狄列在会盟，岂一切诸侯皆苗族耶？由斯以谈赤帝之用蚩尤，亦犹唐代之用藩将，涿鹿之师与安史就诛相类。今有人曰：中国本胡人安、史二家所有，唐帝侵之攘为己地，孰不谓其缪于事情者？

若循地望言之，蚩尤则不为苗种，今之苗族聚处南方。《吴起传》言：三苗氏，左洞庭、右彭蠡。《外国图》曰：昔唐以天下授虞，有苗之君非之。苗之民浮黑水入南海，是为三苗氏。去九疑三万三千里（《太平御览》七百九十引）。地望相应，故谓三苗，即今苗族可也。而蚩尤与黄帝战，远在涿鹿，涿鹿当今宣化府怀来县地，北与荦鸶比邻，长城未筑，耕牧相望。夫胡之与越，南北相悬，岂有匈奴、三苗近在肘腋？且大昊都陈，固已南封淮汝，而谓幽、并之北尚有苗人，准度事情，锄吾实甚。苗人之俗，便山习水，不闲平地。纵令蚕食中区，亦不得远至燕代。岂若匈奴游牧之民，奇畜橐佗，不远千里？此则蚩尤非黎苗种族，粲然著明。若苗人本有大国，与汉族争，虽一败不至瓦解，黄帝则不得遽登湘山，黄帝以前，神农亦不得葬长沙也。据斯为断，三苗著见以少昊之末为期，则汉族东来久矣。

大抵人类皆自高原而降，从西方抵东土者，一出北道，则为匈奴；一出中道，则为诸夏；一出南道，则为马留。匈奴之民，依沙漠而居；诸夏之民，据大陆而居；马留之民，附洲岛而居。所处不同，故职业亦异。凡诸夏所有者，经略万里，陇亩既成，州间既定，而复有阑入此土者，则据左契而攘之。《尚书》言窜三苗，正若秦皇之驱戎狄，非苗人故有之地而我侵略之也。近代所称支那本部者，独凉、肃诸州取自匈奴，则《汉书》所谓武威、张掖、酒泉、敦煌四郡，其他盖鲜有攘取者。朝鲜本箕子、卫满之虚，实古营州旧域。中间阔绝，而汉世复设玄菟、乐浪诸郡，今则已绝。福建、两广、安南者，所谓闽粤、东粤、南粤之地。《汉书·地理志》曰：今之苍梧、郁林、合浦、交趾、九真、南海、日南，皆粤分也。其君禹后，帝少康之庶子，封于会稽，文身断发，以避蛟龙之害。后二十世，至勾践称王，后五世为楚所灭，子孙分散，君服于楚。后十世至闽君摇，

佐诸侯平秦。汉兴，复立摇为越王。是时，秦南海尉赵佗亦自王。传国至武帝时，尽灭以为郡。明此数道夏时已隶中国。上寻《尧典》，则南交固在域中，言语相传，亦明其故为同种。《水经注》曰：九真郡九德县有九德浦，内径越裳究、九德究、南陵究。《竺枝扶南记》：山溪濑中谓之究。《地理志》曰：郡有小水五十二，并行大川。皆究之谓也。水之隈隩曰究，与《诗》言"芮鞫"、毛传训"究"、《韩诗》作"坭"者音义正同。言语同则种类一，明交州本是汉民。今安南已离为异国，福建、两广犹在版图，要皆九州旧服，非取自苗人也。

云南、川南、川西、川东、贵州诸道者，昔尝称西南夷。自庄蹻至滇池，略定其地，而《地理志》益州郡滇池县有黑水祠。《禹贡》：梁州之域，北抵华阳，南讫黑水。则滇池本在梁州之域。《史记》言：昌意处若水而生颛顼。若水之流，据《水经》，出蜀郡旄牛徼外，至故关，为若水。南过越嶲邛都县西，直南至会无县。注言：南经云南郡之遂久县，青蛉水入焉。是云南在颛顼时已隶汉土。又《说文》云：温水出犍为涪，南入黔水。《水经》云：温水出牂柯夜郎县，盖西南有二温水，亦犹秦、蜀间有二汉水。此温字本义则然，而经典已借温为寒温之字，观其字之有温，知其地之内属。且江河间未尝有象，象之所出，不在交趾，则在云南。三苗未窜以前，舜弟已名为象，益知产象之区旧尝著籍，故得此文此语尔。

王政陵迟，诸夷入处，遂得西南夷名。至庄蹻始开其地，唐蒙、司马相如之徒因而郡县之，故亦光复旧疆，非取自苗人也。今人于西南杂姓多号为苗，亦有讹谬不实者。据《水经》及《华阳国志》，青衣水出青衣县。县，故青衣羌国也。安帝延光元年，青衣王子心慕汉制，上求内附。今人言青苗者，本青衣羌之别，而横被以苗名。《汉书·西南夷传》：自桐师以北至叶榆，名为嶲、昆明，自嶲以东北，君长以十数，莋都最大；自莋以东北，君长以十数，冉駹最大；自駹以东北，君长以十数，白马最大。皆氐类也，此皆巴蜀西南外蛮夷也。今或称为番者，不失氐名；或称为苗，则诬甚。氐羌与汉古本一源，又不应以汉人侵苗说此。苗人之族通言马留，其驸近中国者，白衣种为大，缅甸、暹罗皆是类也。古者丛脞诸姓，时或阑入域中，自为君长，所在剽劫。中国有良将士，率父子之兵而逐之。犹故不俶，往往窜入岫穴林莽之间，故有义阳、五溪诸蛮，至今犹有称洞苗者，非其分地素在是也。汉族之放流罪人，与蛮种相习狎，势不独立，染其礼俗，相与屯聚，因是亦以荆蛮得名。其后有分封者，扶老携稚往临斯土，欲因势为治，则或断发文身以就之。中原之吴、楚、於越，亦准是谓之荆蛮矣。前者犹今内地回人，非大食、花门之族，乃以汉人从其教者；后者犹今土司、土府，亦故汉种而从俚徭之俗。是故南方诸郡，旷绝千载，复隶职方，民无所恨，此与满洲之侵略中国豪忽无相似者。今云汉人排满，对于苗则汉亦应排，何所据依，而作此辩难耶？

抑吾又闻之曰：近世无政府党，以反对强权为号者也。强权者、广泛之称。若汉人言排满，得以苗人排汉钳其口；无政府党言反对帝王与资本家，而禽畜昆虫亦可反对无政府党。帝王资本家之于齐民，徒有束缚镇制，非杀人而啖其肉；人于禽畜昆虫，则强权有过是矣。瞻之在后，宁不可反唇相稽耶？若曰吾所主持，独以人道为限，不及万类，是亦可曰人类之私言也，非公理也。

至其言辗转相杀、复仇无已者，斯尤迂通之词已。复仇者以正义反抗之名，非辗转相杀谓之复仇。《周官》调人之职，凡杀人而义者，不同国，令无仇，仇之则死。《春秋公羊传》曰：父不受诛，子复仇可也。父受诛，子复仇，推刃之道也。何氏《解诂》曰：一往一来曰推刃。今满洲以强暴侵略汉族，残其民庶，盗其政权，以汉人反抗满人，则满人为受诛，汉人为杖义。满人复反抗之，则谓之窦窥豺狼之行而已矣。有盗人之田宅者，其故主讼于官，治而复之。不然，则率其徒众治而复之。盗犹不已，将领丑类复往攻其主人。治而复之者是，则复往攻之者非。有无故穿人垣墙，秉炬纵火者，主人得格杀之，律所不论；而被格杀者之族党，复往攻其主人。格杀之者是，则复往攻之者非。此盖恒民所能喻。今之学者，于常识且不通练，而故谲觚其词，以相论难。夫妇之愚或且笑悼之矣，为种族复仇反杀者宜得何罪？古无明文，且以复父仇者为决事比。谢承《后汉书》曰：桥玄迁齐国相，郡有孝子为复父仇系临淄狱，玄愍其至孝，欲上谳减。县令路芝酷烈苛暴，因杀之。惧玄收录，佩印绶欲走。玄自以为深负孝子，捕得芝，束缚藉械以还，笞杀以谢孝子冤魂。此则古之大义。为父复仇者，非特不得反杀，虽以县令枉法杀之，犹在当诛之域也。师觉授《孝子传》曰：子路仕卫，赴蒯聩之乱，卫人狐黡时守门，杀子路。其子仲子崔告孔子，欲报父仇。黡知之，于城西决战。其日，黡持蒲弓木戟，与子崔战而死。此则狐黡自知不直，是故去其兵械，持蒲木以应子崔，自愿授首也。以此相例，则满洲人之不得反杀，至易明也。若徒以怨相倾，以力相拟，虽不明言复仇，而在彼亦能反刃。如言抵抗强权，强者既覆，则退为弱者矣。弱者制胜，则即是强者矣。既覆之政府与资本家对于新制胜者，亦得以抵抗强权为号，何独关于种族尔乎？或曰：父子兄弟罪不相

及，今侵略汉族之满人，已下世为枯腊，而复仇于其子孙，则为无义。应之曰：凡相杀毁伤之怨，至奕世则已矣。侵略则不然，所侵略者必有其器其事，今国土与政权自满人之祖父侵略之，而满人之子孙继有之，继有其所侵略者，则与本为侵略者同。而往世残贼屠夷之事实，以政府挟之俱存。是故排满洲者，排其皇室也，排其官吏也，排其士卒也。若夫列为编氓，相从耕牧，是满人者，则岂欲倳刃其腹哉？或曰：若是，则言排政府足矣，言排满何为者？应之曰：吾侪所执守者，非排一切政府，非排一切满人，所欲排者，为满人在汉之政府。而今之政府为满洲所窃据，人所共知，不烦别为标目，故简略言之，则曰排满云尔。

若满洲政府自知不直，退守旧封，以复鞑靼金源之迹，凡我汉族当与满洲何怨？以神州之奥博，地邑民居，殷繁至矣。益之东方三省，愈泯棼不可理，若以汉人治汉，满人治满，地稍迫削，则政治易以精严。于是解仇修好，交相拥护，非独汉家之福，抑亦满人之利。宁有复崇旧怨，勚面相攻之事？虽然，人性之贪狠无厌、背违正义，更万亿年而不可变也。是故满洲政府必无让地自归之事，为汉族者，亦固知其不可望于满人，则有昌言排满而已。满人之与政府相系者，为汉族所当排；若汉族为彼政府用，身为汉奸，则排之亦与满人等。近世革命军兴，所诛将校什九是汉人尔。游侠刺客之所为，复不以满人、汉人为别。徐锡麟以间谍官于安庆，适安徽巡抚为恩铭，故弹丸注于满人之腹。令汉人为巡抚，可得曲为赦宥耶？吴樾所刺，满人、汉人则相半，谁谓汉官之暴横者吾侪当曲以相容乎？然而必以排满为名者，今之所排，既在满洲政府，虽诛夷汉吏，亦以其为满洲政府所用而诛夷之，非泛以其为吏而诛夷之。是故诛夷汉吏，亦不出排满之域也。或曰：若政府已返于汉族，而有癸辛、桓灵之君，林甫、俊臣之吏，其遂置诸？应之曰：是亦革命而已。然其事既非今时所有，安用喋喋多言为！凡所谓主义者，非自天降，非自地出，非撷拾学说所成，非冥心独念所成。正以见有其事，则以此主义对治之耳。其事非有，而空设一主义，则等于浮沤；其事已往，而曼引此主义，则同于刍狗。故汉族之有暴君酷吏，非今日所论也。就此见事之中而复有其巨细缓急者，是故政治得失，外交善败，亦姑弃捐弗道。举一纲而众目张，惟排满为其先务，此贞实切事之主义，所以异于夸大殉名之主义矣。

熊成基哀辞

　　……民国二年二月二十三日，余杭章炳麟谨以玄酒菜香，奠烈士熊君之灵。呜呼，哀哉！君实徐君伯荪之死友，而与炳麟干枝相维者也。伯荪诛恩铭于安庆，阴结军队，期于会朝。城门昼闭，援师阻遏，大义挫顿，遗之于君。逾年，援桴鼓而兴，夜麕重闉，内外障隔，卒不能成尺寸功，而军人光复之心自此起。君既挫衄，隐名奔窜，转侧日本、关东之间。止宿吉林，丽于凶横，伪清宣统二年，正命吉林巴尔虎门外。群隶以是要赏者二十三人。逾年，武昌兴，独夫避位，大物以更。又逾年，炳麟至自京师，茇舍长春以治简书，所寝之室，则君拘縶时故处也。

　　夫一兴一废，国家代有，君之倡义，以暴君在上，烝民失职，非俗俜刃一人明矣。使君无死，将率义夫以奖大顺，虽与黎、黄二公，鼎足而三可也。天禄不长，噬于豺虎。芳烈所播，不二十月而大义举于江汉，终复旧物。君之神灵，其可以妥。

　　独念谗人高张，久未枭除。其所以贼君者，不以临时对垒，顾诬为刺客，以媚贵宠。而又饫以珍膳，餂以甘言，禁锢告变之人，以自解说，使死者无怨声，而亲藩得以快意。斯可谓宗社党之造端也。昔浙江巡抚张曾敭在官无怨，杀一秋瑾而士民敌忾。后徙他官，所在见拒。清廷虽爱曾敭，犹不能遣。今是凶人贪以败官，又造矫诬以摧义士，其罪视曾敭且什百。民国改建，而犹晏居东表，专镇一圻，斯实国家之耻！昭告君之神灵："凡今日与奠者，自奠之后，而不能本君革除之志，以锄贪邪，而敢有回旋容阅，以为凶人地者，有如松花江！"呜呼，哀哉！尚飨。

驳建立孔教议

近世有倡孔教会者，余窃訾其怪妄。宗教至鄙，有太古愚民行之，而后终已不废者，徒以拂俗难行，非故葆爱严重之也。中土素无国教矣，舜敷五教，周布十有二教，皆掌之司徒，其事不在庠序，不与讲诵。是乃有司教令，亦杂与今世社会教育同类，非宗教之科。《易》称圣人以神道设教，斯即盟而不荐、禘之说也。禘之说孔子不知，号曰设教，其实不教也。观《周礼》神仕诸职，皆王官之一守，不以布于民常。逮及衰周，孔、老命世，老子称以道莅天下，其鬼不神；孔子亦不语神怪，未能事鬼。次有庄周、孟轲、孙卿、公孙龙、申不害、韩非之伦，浡尔俱作，皆辨析名理，察于人文，由是妖言止息，民心昭苏。自尔二千年，虽佛法旁入，黄巾接踵，有似于宗教者。佛典本不礼鬼神，其自宗乃以寂定智慧为主，胜义妙论，思入无间。适居印度，故杂以怪迂之谈，而非中土高材所留意。加其断绝婚姻，茹草衣褐，所行近于隐遁，非所以普教齐民。若黄巾道士者，符箓诡诞，左道惑人，明达之士，固不欲少游其藩。由斯以谈，佛非宗教，黄巾则犹日者卜相之流，为人轻蔑，则中国果未有宗教也。

盖自伏羲、炎、黄，事多隐怪，而偏为后世称颂者，无过田渔衣裳诸业。国民常性，所察在政事日用，所务在工商耕稼，志尽于有生，语绝于无验。人思自尊，而不欲守死事神，以为真宰，此华夏之民所以为达。视彼佞谀上帝，拜谒法皇，举全国而宗事一尊，且著之典常者，其智愚相去远矣。即有疾疢死亡，祈呼灵保者，祈而不应，则信宿背之。辗转更易，更于十神，譬多张罝罗，以待雉兔，尝试为之，无所坚信也。是故智者以达理而洒落，愚者以怀疑而依违，总举夏民，不崇一教。今人狠见耶稣、路德之法，渐入域中，乃欲建树孔教，以相抗衡，是犹素元创痍，无故灼以成斑，乃徒师其鄙劣，而未有以相君也。

古者上丁释菜，止于陈设芬香，至唐世李林甫，始令全国悉以牲牢荐奠，刘禹锡蚩其不学。自尔乐备宫县，居模极殿，宛转近帝制矣。然庙堂寄于学官，所对越不过儒士，有司才以岁时致祭，未尝普施闾阎，毗及谣俗。是则孔子者，学校诸生所尊礼，犹匠师之奉鲁班，缝人之奉轩辕，胥吏之奉萧何，各尊其师，思慕反本，本不以神祇灵鬼事之，其魂魄存亡亦不问，又非能遍于兆庶也。夫衣裳庐舍，生民之所以安止；律令文牒，国家不可一日废也。今以世人拜谒孔子，谓孔子为教主，是则轩辕、鲁班、萧何亦居然各为教主矣。若以服用世殊，今制异古，故三君不能擅宗教者，此则民国肇建，制异春秋，土俗习行，用非士礼，今且废齐、斩之服，除内乱（谓亲属相乱）之诛，虽孔子，且得名为今之教主乎？俪其侯度，而奉其仪容，则诳耀也；贵其一家，而忘其比类，则偏畸也。进退失据，挟左道，比神事，其不可以垂则甚明。

盖尝论之，孔子之在周末，与夷、惠等夷耳。孟、荀之徒，曷尝不竭情称颂？然皆以为百世之英，人伦之杰，与尧、舜、文、武伯仲，未尝侪之圜丘、清庙之伦也。及燕、齐怪迂之士兴于东海，说经者多以巫道相糅，故《洪范》，旧志之一篇耳，犹相抵掌树颇广为紬绎。伏生开其源，仲舒衍其流。是时适用少君、文成、五利之徒，而仲舒亦以推验火灾，救旱止雨，与之较胜。以经典为巫师豫记之流，而更曲傅《春秋》，云为汉氏制法，以媚人主而棼政纪。昏主不达，以为孔子果玄帝之子，真人尸解之伦。谶纬蜂起，怪说布彰，曾不须臾，而巫蛊之祸作，则仲舒为之前导也。自尔或以天变灾异，宰相赐死，亲藩废黜。巫道乱法，鬼事干政，尽汉一代，其政事皆兼循神道。夫仲舒之托于孔子，犹宫崇、张道陵之托于老聃。今之倡孔教者，又规摹仲舒而为之矣，彼岂不曰"东鲁之圣，世有常尊，今而废之，则人理绝而纲纪斁耶？"此但知孔子当尊，顾不悟其所尊之故，今不指陈，则无以餍人望。盖孔子所以为中国斗杓者，在制历史，布文籍、振学术、平阶级而已。往者《尚书》百篇，年月阔略，无过因事记录之书，其始末无以猝睹。自孔子作《春秋》，然后纪年有次，事尽首尾，丘明衍传，迁、固承流，史书始粲然大备。矩则相承，仍世似续，令晚世得以识古，后人因以知前。故虽戎、羯荐臻，国步倾覆，其人民知怀旧常，得以幡然反正。此其有造于华夏者，功为第一。《周官》所定乡学，事尽六艺，然大礼犹不下庶人。当时政典，掌在天府，其事迹略具于《诗》《书》，师氏以教国子，而齐民不与焉。是故编户小氓欲观旧事，则固闭而无所从受，故《传》称"宦学事师"、"宦于大夫"，明不为贵臣仆隶，则无由识其绪余。自孔子观书柱下，述而不作，删定六书，布之民间，然后人知典常、家识图史。其功二也。九流之学，靡不出于王

章太炎

官，守其一术，而不遍览文籍，则学术无以大就。自孔子布文籍，又自赞《周易》、吐《论语》，以寄深湛之思，于是大师接踵，宏儒郁兴，虽所见殊途，而提振之功则一。其功三也。春秋以往，官多世卿，其自渔钓、饭牛而兴者，乃适遇王伯之君，乘时间起，平世绝矣。斯岂草野之无贤才？由其不习政书，致远恐泥，不足与世卿竞爽。其一二登用者，率不过技艺之官，皂隶之事也。自孔子布文籍，又养徒三千，与之驰骋七十二国，辨其人民，知其土训，识其政宜。门人余裔，起而干摩，与执政争明。哲人既萎，曾未百年，六国兴而世卿废，民苟怀术，皆有卿相之资。由是阶级荡平，寒素上遂，至于今不废。其功四也。总是四者，孔子于中国，为保民开化之宗，不为教主。世无孔子，宪章不传，学术不振，则国沦戎狄而不复，民陷卑贱而不升，欲以名号加于宇内通达之国，难矣。今之不坏，繄先圣是赖。是乃其所以高于尧、舜、文、武而无算者也。

若夫德行之教，仁义之端，《周官》已布之齐民，列国未尝坠其纲纪。故上有蘧瑗，史鰌之贤，下有沮、溺、荷蓧之德，风被土宇，不肃而成，固不悉自孔子授之。孔氏书亦时称祭典，以纂前志，虽审天鬼之诬，以不欲高世骇俗，则不暇一切粪除，亦犹近世欧洲诸哲，于神教尚有依违。故以德化，则非孔子所专；以宗教，则为孔子所弃。今忘其所以当尊，而以不当尊者奉之，适足以玷阙里之堂，污泰山之迹耳！

谈者或曰："崇孔教者，所以旁慰沙门，使蒙古、西藏无携志。"此尤诳世之言，二藩背诞，则强邻间之，给以中国废教，藉口其实，非宗教所能驯也。昔张居正之抚蒙古，攻讨惠绥，刑格势禁，无所不用。势已宾服，然后以黄教固之耳。今不修攻守之具，而欲以虚言羁致，是犹欲讲《孝经》以服黄巾，必不得矣。就欲以佛法慰藉者，自可不毁兰阇，又非悬设孔教以相笼罩也。孔教本非前世所有，则今者固无所废；莫之废，则亦无所建立矣。愚以为学校瞻礼，事在当行，树为宗教，杜智慧之门，乱清宁之纪，其事不便。

章太炎

非所宜言

言有高而不周务者，不可以议政，虽卑之切于人事，已非其人，非所宜言也。言之，或以距人而自固其奸之宅，亦犹等于犯分陵贤而已矣。

人有恒言曰市井之行，夫持奇赢以取利，求多而为厌，恬淡寡营者所耻，惟从政亦不可慕法贾人。然而今之朝士不得言也。市井者，固不指谓新生奸贾，良人操本以致息，饬力以自养。物行滥则不仇，言伪谬则不信，群众大法制之而不敢轶其绳，虽好得，固其分也。今处朝位，而自盗其所监守，公取其所羡余，诈令蜂出，誓言不信，裨贩之庸犹不为也。或乃羑人乐输，阴相劫制，虚作纸币，高下其直。曲法以驰蒱博，而官收其赢；称贷外国，而己挹取其利；谖言以兴农工水利，集人之资，而己以高位专宰之。苟朝士尚守市井之行，其蠹犹不如是甚也。以是议人，是犯分陵贤一也。

人有恒言曰胥史舞文。夫假法章以取威，用舍张弛，惟赇是则，是妨政之踊者，虽殊死不足以报其罪。然而今之朝士不得言也。胥史所持，法章也，法有可以出入者，尔乃问赇。虽受赇，固不敢甚，泰甚，朱提之银百镒耳。法诚斗绝不可以逾，大殊不可以援比者，见得而不敢据焉。胥史之富，由乎世守其职，积累致赢，非一时顿而取之也。今处胥史之上，轶法而自用者，其所诛求，非徒锥刀之间矣。内则执政，外则拥节，不过数年，其家厚于累世之贾。胥史所求，直其豪末也。且胥史以微贱，无士大夫交游，专习一事，而所爱憎者寡，其舞文徒视赇赂，未有修德怨也。长官以恩怨舞文者，谒师之赆，上寿之觞，则恩与赇赂兼之；或乃诬人死罪，致人逮问，退以修怨，进又利其家财，此复胥史所能行乎？以是议人，是犯分陵贤二也。

人有恒言曰，游学者不可使服事。谓夫虚引他国之成效美言，而忘中土法式，不识民之旧贯。将以兴利，而利不睹；将以除害，其害又过之。然而今之朝士不得言也。游学者尚有善败之观，利害之校，顾其术

落枲耳。亡国所遗从政之士，斗筲之才，其志固未有善败利害也，偷在晌息，不恤壶漏，倾移以后，苟可以干没者，虽亡邦邑，他日愿为敌国隽俘而已矣。非徒不恤其国也，虽身亦自外之。伯嚭之辱，丁公之祸，庆封之戮，成济之诛，固以须臾淫乐贸耳。夫落枲者，诚不可令服事，非法而戮人，诈欺以取财，奉教令以致鸩毒，斯其为中土法式旧贯非也。且游学者，所以摩上则不用，所以厉民则取之；议守正法则不任，议近黠术则听之。诚不可使服事者，何故不一切舍置耶？以是议人，是犯分陵贤三也。

　　人有恒言曰，勋臣不可为吏。谓其不治产业，素行跅弛，既贵又益横恣，而不可以轨物持之。然而今之朝士不得言也。勋臣之不可为吏者，与闾巷遗贤、攻苦絜行者比也，固不与因余之虏、遁逃之吏比肩而差优劣矣。夫其畴昔鸣弦击柝、猱杂倡优、废产业而为游手者，其职性未有以异勋臣；而又舆金事师，巧笑先意，莫夜遣妇而望门闳，正昼委身以承狎幸；其精者，或有阳为诤讦以行便媚者矣。比其持权夸咤，倾动风尘，一夕投琼斗箸之所出入，或当数县赋调正供，法吏眙目不敢诘也。勋臣视之，与同豪暴，犹不与同庮污也。古者，勋臣曹参、陆逊之流，未尝不可与吏共事；其次，谁索草野，而义故厚禄以奉朝请，未有以因余之虏、遁逃之吏先之者也；其下有之，冯道、范质，虽更数主，而有闾巷攻苦之风。今之世，诚未有曹参、陆逊，亦殊未有冯道、范质也。以是议人，是犯分陵贤四也。

　　人有恒言曰，科目不可用。谓其习腐朽之言，效俳优之词，不更当世得失，绌于长民。然而今之朝士不得言也。科目之人拙矣，犹辨文句、理书牍也。素在陇亩之间，其所与交游犹恒民，所逮闻者，犹米盐井臼事也。入仕犹不从贾鬻，不诡以私谒得之，惭于成学，逡循于良吏，而下犹愈入资藉荫、任荐伪试之夫。夫藉阴者，虽时闻父兄莅政之言，固已不晓生民隐曲；入资者，或多不识文句，抱律而不能条，佐史持牍而不能检，其幸不为吏民嗟笑者，赖与清世乌丸、靺鞨大人同列，故视以为故常耳。时有购置秘书，保聚名笔，以为荣观；假手请字，借人题署，以饰固陋。其视习腐朽之言、效俳优之词者，乃愈下矣。与之对治文牒，固非能比于科目之士也。任荐庶几为得人材，而皆不序勤劳，丘言相举，以便其姻亚故人，谤言既积，伪为明一见叛逆，刀割火烧。

从古未见这样的现象，党人竟先遭殃。一国栋梁，毁于后皇，我们失去了国宝，国家也将灭亡。

谁能不死？只有巍巍天柱，上有烈焰，下有大浪。洞庭的滚滚波涛，将与你共存亡。呜呼哀哉！尚飨。

祓三厉文

【原文】

重光赤奋若之岁,三月甲戌,余杭章炳麟谨以戈彗、桃茢祓故尚书徐公、故侍郎许公、故太常卿袁公之梓曰:

呜呼哀哉!曲突徙薪,六烈峨峨。焦头烂额,曾不足多。尚书莠言,废帝立哥。侍郎太常,或寝或吡。首施观望,惟之与阿。退则裔卷,进则婥嫛。昌言剿寇,阴市于俄。金缯在前,遑恤菹脔?

呜呼哀哉!南山剖竹,不足书罪。毙之萧斧,孰云天醉?跂踽乔自戕,焚身谁怼?繄古义烈,贤劳尽瘁。或荡强胡,颅靡顶甈,尸祝鬼雄,是曰无愧。今也不然,熏莸异类。华衮所褒,汪黄与桧。

呜呼哀哉!王甫之尸,阳球是磔;赵伦之墓,阎缵是轹。闻尔梓至,鲍鱼一石。吴淞泼泼,余臭上彻。我无金椎,椎尔血额。斫以赤刀,黄肠拱柏。愿尔国殇,灵旗搏格。讼我天阍,来取我魄。呜呼哀哉!

【译文】

辛丑年三月初八日,余杭章炳麟谨以戈彗、桃茢祓于原尚书徐公、原侍郎许公、原太常卿袁公之柩:

呜呼哀哉!曲突徙薪,言不见用。不幸失火,烈焰熊熊。舍身救火,毁伤颜容。苦心为主,无人赞颂。尚书馊主意,废帝立新皇。侍郎和太常,恭顺如绵羊。前瞻后顾,二人都一样。卑躬屈膝,处处奴才相。明言剿拳匪,暗中通列强。迷醉金钱梦,哪怕成肉酱。

呜呼哀哉!累累罪恶,罄竹难书。利斧斩其首,恶人有天诛。跂、踽多作恶,苦果吞己腹。唯有古英烈,献身为功业。举刀驱胡虏,疆场洒热血。英灵承祭奠,无愧天下贵。如今世事改,忠奸双易位。褒奖为奸人,华衮赠秦桧。

呜呼哀哉！王甫作恶，阳球裂其尸；司马伦不道，闾缵辗其墓。三厉之棺，臭似鲍鱼发。纵有吴淞水，腥味难洗刷。惜我无铁椎，狠击三厉额。宝刀砍其棺，外有黄肠柏。宁愿三厉魂，讼我到天门，灵旗猎猎响，与我决雌雄。呜呼哀哉！

章太炎

哀山东赋

【原文】

夫何泰岱之无灵兮，不能庇此齐鲁。海潮忽其上逆兮，又重以钲鼓。两雄奋而相撞兮，金铁鸣于括中。初既蔺吾田稼兮，后又处吾之宫。彼姬姜之窈窕兮，充下陈于醮额。驱丁男以负担兮，老弱转于沟浍。厥角蛾伏兮，固慵态也；奉箪食而不省兮，死又莫吾代也。管仲化为枯腊兮，鲁连瘗于蒿里。士乡无精甲兮，游谈不足恃。昔余茇舍此都兮，楼橹郁其骃庄。不逾稔而为丘兮，血沾野之茫茫。闻老氏之遗言兮，惟大匠焉司杀。白日中而下稷兮，噫乎，何可以不察！往者吾不见兮，来者吾不闻。苟金陵之不可忘兮，天道岂其惛惛？

【译文】

泰山为什么没有不显灵啊，不能庇护这齐鲁？海潮忽然逆行啊，又加上了战事。两强激烈对抗啊，天地间金鼓齐鸣。先糟蹋了我们的庄稼啊，后又强占了我们的住室。我们那美丽高贵的姐妹啊，被他们当作下贱的奴婢。男子被驱当苦力啊，老弱流浪于乡野。叩头蜷伏，固然是庸人之举，真心劳军不被理解，谁又敢去送死？管仲成了干尸啊，鲁连葬身地下。士乡再无精兵啊，游说也不足依凭。往年我旅居此地啊，楼橹林立遮天蔽日。不过一年而化作土丘啊，鲜血浸透了茫茫原野。记得老子有遗言，只有大匠掌管杀戮。太阳正中而忽然西斜，啊，为什么熟视无睹？往者我不见啊，来者我听不见。如果金陵是不可忘的，天道怎么会昏然不明？

诗　篇

杂感（一）

弱冠通九流，抗志山谷贤。
丁此沧海决，危苦欲陈言。
重华不可遻，敷衽问九天。
溟涬弟尧舜，而不訾版泉。
版泉竟何许？志违时亦迁。
訾訾荐绅子，观书穷天府。
掉头辞晏婴，仰梁思贾举。
血书已群飞，尚踵前王武。
何不诵《大明》，为君陈亥午？
嗟嗞论甘生，闻辛先病舌。
宁为牛后生，毋为鸡口活。
抱此忠义怀，扬灵盟白日。
隼厉击孤鸾，鸾高先铩翮。
铩翮亦良已，畏此矰笱多。
举头望天毕，黯黯竟如何。
浊流怀阿胶，谁能澄黄河？
独弦非可弹，临风发商歌。
既不遻重华，安事涕滂沱？
蓬莱青未了，散发将凌波。

梁 园 客

粤海有文士，少入词苑，以纠弹节相罢官，当时颇著直声。既失志，有呫呫空书之感。去秋，遂因政变作符命数篇，诗以记之。

闻道梁园客最豪，山中谷永太萧条。
鸥余乞食情无那，蝇矢陈庭气尚骄。
报国文章隆九鼎，小臣环玦系秋毫。
君看鹦鹉洲边月，一阕《渔阳》未许操。

西归留别中东诸君子

黄垆此抟抟，神州纱一粟。
微命复何有？丧元亮同乐。
蛞蜥思转丸，茅鸱惟啖肉。
新耶复旧耶？等此一丘貉。
轶荡天门开，封事苦仆遬。
朝上更生疏，夕劾子坚狱。
鲸鱼血故暖，凉液幻殊族。
球府集苍蝇，一滴缁楚璞。
潜蠹岂齐性，缟玄竟谁觉？
吾衰久矣夫，白日瞳穷朔。
仕宦为金吾，萧王志胡蹙！
江海此分袂，涕流如雨雹。
何以赠君子，舌噤不敢告。
弓月保东海，蚡冒起南岳。

章太炎

狱中赠邹容

邹容吾小弟,被发下瀛洲。
快剪刀除辫,干牛肉作糇。
英雄一入狱,天地亦悲秋。
临命须掺手,乾坤只两头。

狱中闻沈禹希见杀

不见沈生久,江湖知隐沦。
萧萧悲壮士,今在易京门。
螭魅羞争焰,文章总断魂。
中阴当待我,南北几新坟!

孙逸仙题词

索虏昌狂泯禹绩,有赤帝子断其嗌。
掩迹郑、洪为民瞻,四百兆人视兹册。

杂　感（二）

万岁山边老树秋，瀛台今复见尧囚。
群众辛苦怀忠愤，尚忆扬州十日不？
谁教两犬竞呀呀，貂尾方山总一家。
恨少舞阳屠狗侣，扫除群吠在潼、华。

广　宁　谣

步出医巫闾，文石正累累。
神丛亦时见，不知祀何谁。
惟昔熊飞百，楚材为之魁。
临关建牙旗，长驾安东维。
置堠亘千里，两军无交绥。
神京有左肘，故老知怀归。
谁令斗筲子，居中相残摧。
付卒不盈万，虚位隆旌麾。
一朝衄河西，泰山为尔颓。
彼昏岂不醉，轻战忘其危。
何意千载下，弃地如遗锥？

章太炎

长 歌

麒麟不可羁,解豸不可縻。
沐猴而冠带,鸡犬升天啼。
黄公秉赤刀,终疗猛虎饥!
玄武尚刳肠,筹策故难齐。
牺牛遭鼹鼠,不如退服犁!
武昌一男子,老化为人妻!
万物相回薄,安可以理稽?
荡荡天门开,所惜无云梯。
不如饮醇醪,醉作瓮间泥!
幸甚至哉!歌以言志,
麒麟不可羁。

时 危

时危铤剑入长安,流血先争五步看,
谁道江南徐骑省,不容卧榻有人鼾?

孤 儿 行

孤儿早失父，阿母不终年。
伯叔五六人，攒聚摄怀间。
食奉肥牛炙，黑貂垂在肩。
愿子宜侯王，富贵长不骞。
十二受《论语》，科头踞师前。
缘橦发屋瓦，不肯加捶鞭。
与儿赤小豆，呼作池中莲。
十三喜弄丸，挟弹驱鸟鸢。
一博五百万，产业破如烟。
晨炊无豆萁，甑中尘相绵。
诸父走避债，十步一颠连。
诸母赁浣衣，月得半囊钱。
富贵须何时，终谓孤儿贤。

艾如张董逃歌

永历既亡二百三十八年春，余初至武昌，从主者张之洞招也。是时青岛、旅顺既割，天下土崩，过计者欲违难异域，寄藉为流民，计不终朝，民志益涣，駓駓似无傅丽。张之洞始为《劝学篇》，以激忠爱，摧横议，就余咨度。退则语人：宙合皆含血，生于其洲而人偶其洲，生于其国而人偶其国，人之性然也。惟吾赤县，权舆风、姜以来，近者五千祀，沐浴膏泽，沧浃精味久矣。禀性非异人，古之谟训，上思利民，忠也；朋友善道，忠也；憔悴事君，忠也。今二者不举，徒以效忠征求氓庶。且乌桓遗裔，蹂躏吾族几三百年，魑毛饮血，视民如雉兔。今九世之仇纵不能复，乃欲责其忠爱，忠爱则易耳，其俟诸革命以后。闻者皆怒，辫发上指栋。或愬之张之洞，之洞使钱恂问故，且曰："足下言《春秋》主弑君，又称先皇讳，于经云何？"应之曰："《春秋》称国弑君者，君恶甚，《春秋》，三家所同也。清文帝名皇太极，其子孙不为隐，当复为其子孙讳耶？"之洞谢余。归自夏口，沿于大江，而作《艾如张》一篇，以示孙宝瑄，宝瑄题之，以示宋恕，宋恕阳为发狂不省。其夏康有为以工部主事管朝政，变更法度，名为有条贯，能餍民望。海内夸者，曲跳陵厉，北向望风采，以为雪国耻，起民瘼有日。而余复为《董逃歌》一篇，以示宋恕，宋恕复阳狂不省。其诗曰：

泰风号长杨，白日忽西匿。南山不可居，啾啾鸣大特。狂走上城隅，城隅无栖翼。中原竟赤地，幽人求未得。昔我行东冶，道至安溪穷。酾酒思共和，共和在海东。谁令诵诗礼，发冢成奇功？今我行江汉，候骑盈山丘。借问杖节谁？云是刘荆州。绝甘厉朝贤，木瓜为尔酬。至竟盘盂书，文采欢田侯。去去不复顾，迷阳当我路。河图日以远，枭鸱日以怒。安得起槁骨，掺袪共驰步。驰步不可东，驰步不可西。驰步不可南，驰步不可北。皇穹鉴黎庶，均平无九服。顾我齐州产，宁能忘禹域。击磬一微秩，

章太炎

志屈逃海滨。商容冯马徒,逝将除受辛。怀哉殷周世,大泽宁无人。上艾如张。

变风终陈夏,生民哀以凉。自昔宋南徙,垢氛流未央。九域尊委裘,安问秦与羌。眇我一朝菌,晦朔徒菸黄。百年遭大剂,揄袂思前皇。前皇已蒿里,怀糈谁陈词?大角出非辰,端门动宣尼。梅福真神仙,一言存奉祠。齐州有主后,素王悬如丝。如丝亦危断,流涕空汍澜。吾衰三百年,刑天烝舞干。狼弧又横怒,绛气殷成山。微命非陈宝,畀鹑良独难。秦帝不蹈海,归莳千竹竿。上董选歌。

鸡鹊案户鸣 为刘道一作也

鸡鹊案户鸣，似闻楚声欹。问鹊何能尔，云受杞梁妻。良人始廿二，带剑冠雄鸡。缭缭善方言，白晳无髯髭。中原昔板荡，海水淡群飞。不知何老公，屯聚湘水湄。阿兄好交游，蓬头著麻鞋。传呼良家子，步入郭门西。刘矛长八尺，空夸张弩机。一朝事不就，铩翼各分飞。阿兄走吴会，小弟逃东夷。阿翁年七十，风痹不可医。家室空无人，墙上生蒿藜。良人念当归，归来一何迟。上山请玉兔，捣药丹沙衣。父病霍然已，辞去下堂阶。不知何老公，手持三尺徽。系颈出门去，相将入圜扉。问我得何罪，云子字锄非。上堂乃无语，欸已召屠魁。按条当弃市，衔冤欲诉谁？南山有一鸟，啾啾鸣声悲。托子东南行，为报阿兄知。已断句吴发，难采西山薇。黯黯浏阳门，凄凄谁抚尸。苴席盖槁骨，封棺一丸泥。人生会有死，蒿里洞无涯。不如登祝融，仰天扪虚危。传语后世人，请视杞梁妻。

东夷诗十首

昔年十四五，迷不知东西。曾闻太平人，仁者在九夷。陇首馀糇粮，道路无拾遗。少壮更百忧，负继来此畿。车骑信精妍，艨艟与天齐。穷兵事北狄，三载燔其师。将率得通侯，材官耻山鸡。帑藏竟涂地，算赋及孤儿。天骄岂能久，愁苦来无沂。偷盗遂转盛，妃匹如随麋。家家怀美疢，骭间生痦微。乃知信虚言，多与情实违。

旸谷多温风，薮野无枯条。处处辟林囿，展屣行相招。上著高山冠，革带横在腰。后有曼鬋妇，相从罗酒肴。三觞乃未已，忽在山之椒。

客从海西来，上堂结罗袜。长跪着席上，对语忘时日。仰见玉衡移，握手言离别。下堂寻革鞮，革鞮忽已失。回头问主人，主人甫惊绝。乞君一两靴，便向笼间掇。笼间何所有？四顾吐长舌。

甲第夫如何？绳笢相钩带。虎落穿方空，空小门不大。按项出门去，恣情逐岩濑。三步复五步，京市亦迢递。时复得町畦，云中闻犬吠。策杖寻其声，耆献方高会。陛下千万寿，世世从台隶。

海隅无书契，其来自营州。后有黠桑门，小复规佉卢。下读更上移，文采相离娄。真草为符号，声类乃绝殊。刘曹不可识，略晓唐人书。时作宛平语，一字一萦纡。晚更效大秦，钞盗忘根株。博士冠通天，大版五尺余。三岁术已尽，腹空如匏壶。转向大秦去，稗贩穿锱铢。自言海西好，未若东人姝。

徐人昔采药，始闻携玺书。腰间鹿卢剑，铜镜能辟邪。神仙谅多技，绝岛留规摹。或言亶父子，初从隅夷居。旧史虽茫昧，上国当攀扶。汉主有神灵，委心托葭莩。一朝时世异，谱牒皆虚诬。割肉事隆準，道是西家孥。

异域多奇书，石室难尽臧。致用岂在多，干禄自有方。鹡鹩巢深林，所志在稻梁。长兄专城居，仲兄为议郎。发箧理群籍，趣以嗣二兄。岂无乌孙语，弟子谁能详？

楼船从东来，习流方三万。观兵耀戈甲，中心岂忘怨。匪寇求婚姻，和亲亦良愿。长筵列甘醴，帷宫结华鬘。星旗从风飐，雷鼓喧郊甸。日暮促传觞，湩酪饮无算。蛾眉一流睇，壮士皆忘战。跪进金跳脱，誓言何旦旦。拜赐待三年，桑中会相见。

汉家昔略地，戍卒留边野。大夏见邛竹，西极来天马。粲粲西人子，胡袄相巫鼓。或复转珍异，市闻盈斥卤。荐食历岁年，岂复烦师旅。此党独殊绝，先导资时女。弹筝挈箜篌，利屣堪盘舞。持此作颜行，弥胜诸商贾。军气从之扬，一鼓坚城下。都护何所为？守此娟娟者。

猛虎在深山，百兽皆震恐。视彼蒙茸狐，徒事穿坟垄。幻作白头公，与人相追踵。有时著魅服，妖冶宜专宠。谅知君子国，于菟潜不动。独与文貍游，栖神祀丘冢。仿佛卑弥呼，符咒相驱撵。丰臣非雄才，管原徒一孔。

感　旧

　　故鬼已烦冤，新鬼长不寤。及尔同誓盟，死生见情素。会稽昔虎啸，被褐穷边戍。江介乍扬旍，一麾无羯竖。桃源希世英，白晳通筹箸。风云有玄感，人伦知景附。赳赳双神骏，子子羊肠路。以彼明月珠，弹此乌栖树。复关扬蛾眉，倾城能无妒。夕阳忽西陨，家贫无尺布。葛屦知霜寒，铜瓶知水酢。内衅生戎心，同归欲谁诉？告劾持短长，交纽非吾度。百年尽大齐，何不归采莫？不见南下洼，白骨相撑柱。

赠吴君遂

　　渐识吴君遂，高情弃直庐。卜居梅福里，草上杜根书。域外弥张楚，斯人愿伏蒲。修门遗烬在，谁共吊三闾？
　　君遂刑部噩厉守正，有张廷尉风概，以谳狱忤上官，投劾归里。中更国变，嘉遁沪濒，虽栖神家弄，未忘君国。己亥秋，草疏抗言国是，未及上。是时海外鹜骏，奋议征诛。而君悱然冀灵修之一悟也。素善寿伯茀学士，庚子鞭墓之役，伯茀死难，君益无聊，余与君相识愈稔。嘉其恳款，辄赋一律以慰聊寂云尔。辛丑三月，章绛书。

狱中闻湘人某被捕有感

神狐善埋猾，高鸟喜回翔。保种平生愿，征科绝命方。马肝原识味，牛鼎未忘香。千载湘军志，浮名是锁缰。

衡岳无人地，吾师洪大全。中兴殄诸将，永夜遂沈眠。长策惟干禄，微言是借权。借君好颈子，来者一停鞭。

狱中和威丹

头如蓬葆犹遭购，足有旋轮未善驰。天为老夫留后劲，吾家小弟始能诗。

癸丑长春筹边

剑骑临边塞，风尘起大荒。回头望北极，轩翩欲南翔。墨袚哀元后，黄金换议郎。殷顽殊未尽，何以慰三殇？

自岭海南行抵阇婆

　　昔有中贵郑三宝，手持玉节征南冥。余皇西迈过身毒，颈系名王还汉廷。宫嫱下嫁号翁主，蛮中如望天孙星。代身金人始献质，王会大开炎海清。余威至今震岛峤，阇婆祠庙扬精灵。明清代谢旦复旦，日月光华今皓旰。贯头卉服纷入市，大号俄然未涣汗。上兵岂必矜伐谋，信行蛮貊真多算。君不见咸阳失鹿方五年，尉佗屈强犹争先。箕踞椎髻延汉使，自问孰与皇帝贤？玺书一日布德意，桂蠹跪陈前殿前。

黑　龙　潭

　　昔践松花岸，今临黑水祠。穷荒行欲匝，垂老策无奇。载重看黄马，云南皆以马任重。供厨致白罴。五华山下宿，扶杖转支离。

自毕节赴巴留别唐元帅二首

　　旷代论滇士，吾思杨一清。中垣消薄蚀，东胜托干城。形势稍殊昔，安危亦异情。愿君恢霸略，不必讳纵横。
　　兵气连吴会，偏安问汉图。江源初发迹，夏渚昔论都。直北余逋寇，当关岂一夫。许将筹箸事，还报赤松无？

章太炎

巴 歈

　　金鼓且勿喧，听我歌巴歈。人皇既荒昧，方志传鱼凫。自从嬴秦来，梁雍糅同区。天险固可恃，乘乱资枭渠。公孙早跃马，章武从后驱。狂狡逮诸李，王孟相乘除。明夏犹小魅，张公荡无余。七豪彼何人，及尔无葭莩。剑碧谓剑阁、碧口。地斗绝，瞿唐铁不逾。胡为行绝迹，郁然构皇居。哀哉江沱上，百县鲜完郛。守险一夫遗，良士皆成俘。族望无宋明，转徙僵路衢。同室勿相斗，相争利豺貙。

佛　学

章太炎

论佛法与宗教、哲学以及现实之关系

一、佛法果应认为宗教耶？抑认为哲学耶

　　近代许多宗教，各有不同。依常论说来，佛法也是一种宗教。但问怎么样唤作宗教，不可不有个界说。假如说有所信仰，就称宗教，那么各种学问，除了怀疑论以外，没有一项不是宗教。就是法理学家信仰国家，也不得不给他一个宗教的名号，何但佛法呢？假如说崇拜鬼神，唤作宗教，像道教、基督教之类，都是崇拜鬼神。用宗教的名号，恰算正当。佛法中原说六亲不敬，鬼神不礼，何曾有崇拜鬼神的事实？明明说出"心、佛、众生，三无差别"，就便礼佛念佛等事，总是礼自己的心，念自己的心，并不在心外求佛。这一条界说，是不能引用了。惟有六趣升沉的道理，颇有宗教分子羼入在里头。究竟天宫地狱等语，原是《摩孥法典》流传下来。佛法既然离了常见断见，说明轮回的理，借用旧说证明，原是与自己宗旨无碍，所以没有明白破他。只像古代中国、希腊许多哲学家，孔子也不打破鬼，琐格拉底、柏拉图也不打破神。现在欧洲几个哲学家，如笛卡尔、康德那一班人，口头还说上帝，不去明破，无非是随顺世俗，不求立异的意思。到底与本宗真义，没有什么相干；总是哲学中间兼存宗教，并不是宗教中间含有哲学。照这样看来，佛法只与哲学家为同聚，不与宗教家为同聚。在他印度本土，与胜论数论为同聚，不与梵教为同聚。试看佛陀菩提这种名号，译来原是"觉"字，般若译来原是"智"字。一切大乘的目的，无非是"断所知障"，"成就一切智者"，分明是求智的意思，断不是要立一个宗教，劝人信仰。细想释迦牟尼的本意，只是求智，所以发明一种最高的哲理出来。发明以后，到底还要亲证，方才不是空言。像近人所说的物如、大我、意志，种种高谈，并不是比不上佛法，只为没有实证。所以比较形质上的学问，反有逊色。试想种种物理，无不是从实验上

看出来，不是纯靠理论，哲学反纯靠理论，没有实验，这不是相差很远么？佛法的高处，一方在理论极成，一方在圣智内证。岂但不为宗教起见，也并不为解脱生死起见，不为提倡道德起见，只是发明真如的见解，必要实证真如。发明如来藏的见解，必要实证如来藏。与其称为宗教，不如称为"哲学之实证者"。至于布施、持戒、忍辱等法，不过为对治妄心。妄心不起，自然随顺真如。这原是几种方法，并不是他的指趣。又像发大悲心、普度众生等语，一面看来，原是最高的道德。因为初发大心的时候，自己还是众生，自然有一种普度众生的志愿；一面看来，凡人自己得着最美的境界，总要与人共乐。譬如游山听乐，非众不欢。释迦牟尼未成正觉以前，本来也和常人不异。见到这一处，自然要与人共见。证到这一处，自然要与人共证。若不是说法利生，总觉得自己心里不很畅快。所以据那面看是悲，据这面看是喜。若专用道德的眼光去看，虽是得了一面，却也失了一面，道德尚且不是佛的本旨，何况宗教呢？从来着了宗教的见解，总不免执守自宗，攻击异己。像印度的数论胜论，原有可采；中国的老子庄子，意趣更高。但把佛法看成宗教的人，不论他人说是说非，总要强下许多辩难。有时见他人立意本高，就去挑拨字句，吹毛求疵，不晓得字句失当的所在。佛法中也是不免。到了这边，又必要加许多弥缝，施多辩护，真是目见千里，不见其睫。现在且举一例：且如老庄多说自然，佛家无不攻驳自然，说道本来没有自性，何况自然？那么，我请回敬佛家一句，佛法也有"法尔"两个字，本来没有法性，何况法尔？人本无我，没有自然；法本无我，连法性也不能成立了。这种话，只要以矛刺盾，自己无不陷入绝地。后来佛法分宗，也往往有这种弊病。本来专门讲学，原是要彼此辩论。但据着道理的辩，总愈辩愈精；执着宗教的辩，反是愈辩愈劣。我想陈那菩萨作《理门论》，只用现量比量，不用圣教量，真是辩论的规矩。可惜亚东许多高僧，从没有在这边着想。这种病根，都为执着宗教的意见，不得脱离，竟把"佛法无诤"四个字忘了。若晓得佛法本来不是宗教，自然放大眼光，自由研究。纵使未能趣入实证一途，在哲学的理论上，必定可以脱除障碍，获见光明。况且大乘的见解本来"依义不依文，依法不依人"。可见第一义谛，不必都在悉檀。地上菩萨，不必专生印度。恐怕文殊弥勒，本来是外道宗师，大乘采他的话，就成一种最高的见解。何但文殊弥勒呢？西向希腊，东向支那，也可以寻得几个出来。虽然不在僧伽，他的话倒不失释迦牟尼的本意啊！

二、佛法亦有不圆满处，应待后人补苴

佛法中原有真谛、俗谛二门。本来不能离开俗谛去讲真谛。大乘发挥的道理，不过"万法惟心"四个字。因为心是人人所能自证，所以说来没有破绽。若俗谛中不可说心，也就不能成立这个真谛。但在真谛一边，到如来藏缘起宗、阿赖耶缘起宗，已占哲学上最高的地位。只在俗谛一边，却有许多不满。那不满在何处呢？佛法只许动物为有情，不许植物为有情，至于矿物，更不消说了。兄弟平日好读《瑜伽师地论》，却也见他许多未满。《瑜伽》六十五云："离系［出家］外道，作如是说：一切树等皆悉有命，见彼与内有命数法，同增长故。应告彼言：树等增长，为命为因？为更有余增长因耶？若彼惟用命为因者，彼未舍命，而于一时无有增长，不应道理。若更有余增长因者，彼虽无命，由自因缘，亦得增长，故不应理。又［应告彼，汝何所欲，诸］无命物无有增长，为有说因？为无说因？若有说因，此说因缘不可得故，不应道理。若无说因，无因而说而必尔者，不应道理。［……］又［应告彼，汝何所欲，］诸树等物与有命物，为一向相似？为不一向相似？若言一向相似者，诸树等物根下入地，上分增长，不能自然动摇其身，虽与语言而不报答，曾不见有善恶业转。断枝条已，余处更生，不应道理，若言一向不相似者，是则由相似故可有寿命，不相似故应无寿命，不应道理。"这许多话，不用多辩，只要说"寿、暖、识三，合为命根"。植物也有呼吸，不能说无寿；也有温度，不能说无暖；也有牝牡交合的情欲，卷虫食蝇的作用，不能说无识。依这三件，植物决定有命。至于根分人地不能动摇，这与蜗牛石蛙，有什么区别？语言不报，也与种种下等动物相似。断枝更生，也与蜥蜴续尾、青蛙续肢别无两样。惟有善恩业果一件，是人所不能证见，都无庸辩。种种不能成立。植物无命，费了许多辩论，到底无益。至于矿物，近人或有说他无知，或有说他有知。依惟心论，到底不能说矿物无知。为什么缘故呢？惟心论的话，简说成心有境无。请问触着墙壁，为什么不能过去？惟心论家，必定说身识未灭，所以触觉不灭。触觉未灭，所以不能透过障碍。究竟不是外界障碍，只是身识上的相分。若身识灭了，触觉就灭。触觉灭了，自然不觉障碍，可以透过。这几句话，原来不错，但又请问惟心论家：石块与石块相遇，金球与金球相遇，也一样不能透过。请问石块和金球，还是有身识呢，还是没有身识呢？若没有身识，为什么不能透过障碍？石块、金球可说没有身识，便是动物也可说成没有身识，这是依着什么论据？若说石块、金球也有身识，为什么佛法总说四大是"无情数"

呢？问到这句，佛法中惟心论师，口就哑了。到底不说矿物有知，不能完成自己的惟心论。现在依《起信论》说，更有证成"矿物有知"的道理。原来阿赖耶识，含有三个：一是业识，二是转识，三是现识。业就是作用的别名，又有动的意思。矿物都有作用，风水等物，更能流动，可见矿物必有业识。转识就是能见的意思，质言就是能感触的作用。矿物既然能触，便是能感，可见矿物必有转识。现识就是境界现前的意思。矿物和异性矿物，既能亲和，也能抵抗，分明是有境界现前。可见矿物也有现识。若依《成惟识论》分配，业识便是作意。转识便是触，现识便是受，并与阿赖耶识相应，但没有想、思二位。所以比较动植物的知识，就退在下劣的地位。况且矿物不但有阿赖耶识，兼有意根。何以见得呢？既有保存自体的作用，一定是有"我执"。若没有我执，断无保存自体的理。只是意根中"法执"有无，还没有明白证据，不容武断。矿物既有阿赖耶、意根二种，为什么缘故不见流转生死啊？因为流转生死，必要"感"、"业"二种为缘。矿物的感，只有"俱生我执"，没有分别我执。只有"显境名言"，没有"表义名言"。矿物的业，只有"无记性"，没有"善性"、"恶性"。流转生死的缘，阙了大半，所以没有流转生死的果。这也是容易说明的。但虽说矿物有知，依旧不容说矿物有质。只是矿物和矿物相遇，现起触觉，毕竟没有窒碍的本体。动物和矿物相遇，动物现起色觉、声觉、香觉、味觉、触觉，毕竟没有五尘的本质。五尘的幻觉，只为两种有意根的东西相遇而生，所以心有境无，依然成立。这植物有命、矿物有知的俗谛，佛法中不能说得圆满。我辈虽然浅陋，还可以补正得一点儿。还有一句话，是兄弟平日的意见。现在讲惟心论的，必要破惟物论。依兄弟者，惟心论不必破惟物论，反可以包容得惟物论，只要提出"三性"，就可以说明了。第一是据"依他起自性"。惟物论家为什么信惟物呢？除了感觉，本来无物可得，感觉所得，就是惟心论的"现量"。信惟物的，原是信自己的感觉，即便归入心上的现量了。第二是据遍计所执自性。有一类唯物论师，说感觉所得，不过现象，分析出来，只是色声香味触五种。此外还有物的本质不是色声香味，也不是触，没有方分，没有延长，五感所不能到，就是真正的物质了。但五感所不能到，就〔落〕在"现量"以外，又兼一切物质，界限最广，更没有什么"比量"。离了"现量"、"比量"，突然说有物质，那便是非经验非推理的说话。这句话由那里〔说〕起来？只为我的意根中间，原是有"法执"。依著"法执"作自己思想的靠傍，就说出"物必有质"的话来。那么，"物质"这一句话，就是惟心论中所说的"非量"。分别是句妄语。然而离了意根，再不能无端想成，这不是以心量为主，物质为从么？第三是据圆成实自性。动物植物也有知，矿物也有知，种种不过阿赖耶识所现的波浪。追寻原始，惟一真心。况且分析一物，到分子的境界，辗转分成小分子、微分子的境界，总有度量可分，〔永〕不能到最小最微的一点。所以《庄子·河伯篇》说："物量无穷"。既是无穷，必不能说是实有。有像空间时间，没有边际，就能说是实有。到底是心中幻象，就此可以证成"诸法不生"。矿物植物动物，同是不生，那就归入圆成实性，所以说不必破惟物论。尽容他的惟物论说到穷尽，不能不归入惟心。兄弟这一篇话，或者不为无见吧！

三、印度佛法、支那佛法，本自有异，不可强同，而亦有互相补助之处

佛法在印度，小乘分为二十余部，大乘只分般若、法相二家。般若不立阿赖耶识，又说："心境皆空"，到底无心无境，不能成立一切缘起。但《中论》所说："因缘所生法，我说即是空，亦名为假名，亦名为中道。"空便是遍计所执自性，假便是依他起自性，中便是圆成实自性。不过名目有点不同罢了。照这样看，般若宗的真义，还是惟心。般若所破的"心境"；即是法相的"见相"，也没有直破真心。法相宗提出阿赖耶识，本是补般若宗的不备。以前本有《起信论》，提出如来藏来。如来藏与阿赖耶识，《楞伽经》中本来不说分别。《密严经》也说："佛说如来藏，以为阿赖耶。恶魔不能知，藏即赖耶识。"《起信论》里头，虽有分别，到底八识九识，可以随意开合，并不是根本的差违。法相说三性二无性，《楞伽经》也说三性三无性。大概《楞伽经》《密严经》《解深密经》，同是法相宗所依据。《起信》《瑜伽》，也不过是同门异户。所以印度本土，除了般若、法相，并没有别的大乘。一到中国，却分出天台、华严二宗。天台所据的是《法华经》，华严所据的是《华严经》。这两部经典，意趣本来不甚明白。智者、贤首两公，只把自己的意见，随便附会，未必就是两经的本旨。其间暗取老庄旧说，以明佛法，其实不少，所以称为支那佛法。现在把两边的佛法，比较一回，到底互有长短。大概印度人思想精严，通大乘的，没有不通小乘；解佛法的，没有不晓因明，所以论证多有根据，也没有离了俗谛说真谛的病。中国却不然，思想虽然高远，却没有精细的研求。许多不合论理、不通俗谛的话，随便可以掩饰过去。这就是印度所长，中国所短。且看华严宗立"无尽缘起说"，风靡天下，人人以为佛法

了义，远在《起信》《瑜伽》之上。依兄弟想，本来《庄子·寓言篇》（说）曾经说过："万物皆种也。以不同形相禅，始卒若环，莫得其伦。"这就是华严宗的"相入"说。《齐物论》也说："万物与我为一。"这就是华严宗的"相即"说。贤首暗取庄子意思，来说佛法，原是成得一种理论。但如来藏缘起说、阿赖耶缘起说，都是以心为本因，无尽缘起说到底以什么为本因？还是无量物质互为缘起呢？还是无量心识互为缘起呢？或者无量物质、无量心识互为缘起呢？到底说来暗昧，没有根源。所立二喻，一是"十钱喻"，二是"椽舍喻"。十钱喻说，十个钱是一个钱所缘成，一个钱又是十个钱所缘成。究竟不过把算位进退。一的进位便是十，所以说十数是一数所缘成。一的退位，便是小数的一，所以说一数是十个小数的一所缘成。但在算位上可以这样讲去，在有形质的物件上，就不容易这样讲去。为什么呢？十个钱可说是一个钱所缘成，一个钱更无小数可分，将一个钱切作十分，早已不能唤他为钱，怎么可说一个钱是十个小数的一钱所缘成呢？椽舍喻说，椽便是舍，因为舍是椽所缘成，去了一椽，便是破舍。所以说椽即是舍。这一条喻，更加荒谬。舍是椽所缘成，便说椽即是舍。这个比例，与"泥中有瓶"一样，犯了"因中有果"的过。况且去了一椽，好舍虽变了破舍，不能不说是舍。去了一椽还是舍，怎么可说椽即是舍呢？照这个比例，也可说眉毛就是人，因为去了眉毛，便是丑怪的人。所以说眉毛就是人，这不是极荒唐的诡辩么？"《庄子·天下篇》所载名家诡辩，说的是"郢有天下"。贤首这篇诡辩，与那句话正是同例。这般荒谬无根的论法，到底不会出在印度。这分明是支那佛法的短处。但有一端长处，也是印度人所不能想到的。就像《华严经》有"性起品"。华严宗取到"性起"两个字，犹有几分悟到。本来缘起这个名称，原有几分不足。缘十二缘生说，《大乘入楞伽经》已曾疑过："大慧菩萨白佛言，外道说因不从缘生而有所生。世尊所说。果待于因，因复待因。如是辗转成无穷过。"《庄子·齐物论》也说："吾有待而然者耶，吾所待又有待而然者耶！"这种驳难，到底不能解答。因为第一因缘不能指定，所以虽说缘生，不过与泛泛无根一样。又像《楞伽》《起信》，都把海喻真心，风喻无明，浪喻妄心。但风与海本是二物，照这个比例，无明与真心也是二物。海的外本来有一种风，照这个比例，心的外本来也有一种无明。这就与数论分神我、自性为二的见解，没有差别。惟有说"性起"，便把种种疑难可以解决。因为真心绝对，本来不知有我。不知有我这一点，就是无明。因为不知有我，所以看成器界、情界。这个就是缘生的第一个主因，一句话就把许多疑团破了。这也是支那佛法所长,超过印度的一点。若是拘守宗法,必定说那一宗长,那一宗短,强分权教、实教、始教、终教许多名目,那就是拘墟之见,不是通方之论了。只要各取所长,互相补助,自然成一种圆满无缺的哲理。

四、佛法应务,即同老庄

佛法本来称出世法,但到底不能离世间法。试看小乘律中,盗金钱五磨洒,便算重罪,也不过依着印度法律。大乘律脱离法律的见解,还有许多依着寻常道德。这且不论,但说三界以外,本来没有四界,虽说出世法,终究不离世间。精细论来,世间本来是幻,不过是处识种子所现(处识见《摄大乘论》)。有意要离脱世间,还是为处识幻相所蔽。所以断了所知障的人,证见世间是幻,就知道世间不待脱离。所以"不住生死,不住涅槃"两句话,是佛法中究竟的义谛。其中还有一类,《大乘入楞伽经》唤作菩萨一阐提,经中明说:"菩萨一阐提,知一切法本来涅槃,毕竟不入。"像印度的文殊、普贤、维摩诘,中国的老聃、庄周,无不是菩萨一阐提。这个菩萨一阐提发愿的总相,大概是同;发愿的别相,彼此有异。原来印度社会和平,政治简淡,所以维摩诘的话,不过是度险谷,设医药,救饥馑几种慈善事业。到东方就不然,社会相争,政治压制,非常的猛烈。所以老庄的话,大端注意在社会政治这边,不在专施小惠,振救贫穷。连兼爱偃兵几句大话,无不打破。为什么缘故呢?兼爱的话,这是强设一种兼爱的条例。像《墨子·天志篇》所说,可以知其大概。若有一人一国违了天志,这个人就该杀,这个国家就该灭,依然不能纯用兼爱。又像那基督教也是以博爱为宗,但从前罗马教皇代天杀人,比政府的法律更要残酷。所以庄子见得兼爱就是大迂(《天道篇》),又说"为义偃兵",就是"造兵之本"(《徐无鬼篇》),这真是看透世情,断不是煦煦为仁,孑孑为义的见解了。大概世间法中,不过平等二字。庄子就唤作"齐物"。并不是说人类平等、众生平等。要把善恶是非的见解,一切打破,才是平等。原来有了善恶是非的见,断断没有真平等的事实出来。要知发起善恶,不过是思业上的分位。庄严论说的"许心似二现,如是似贪事,或似于信事,无别善染法"。至于善恶是非的名号,不是随顺感觉所得,不是随顺直觉所得,只是心上先有这种障碍,口里就随了障碍分别出来。世间最可畏的,并不在"相",只是在"名"。《楞伽》《般若》多说到字平等性、语平等性。老庄第一的高见,开宗明义,先破名言。名言破了,是非

善恶就不能成立。《齐物论》说的："未成乎心而有是非，是今日适越而昔至也，是以无有为有。"分明见得是非善恶等想，只是随顺妄心，本来不能说是实有。现在拿着善恶是非的话，去分别人事，真是荒唐缪妄到极处了。老子说的"常善救人，故无弃人。人之不善，何弃之有！"并不是说把不善的人，救成善人，只是本来没有善恶，所以不弃。但这句话，与近来无政府党的话，大有分别。老庄也不是纯然排斥礼法，打破政府。老子明明说的"辅万物之自然而不敢为"。又说："圣人无常心，以百姓心为心。善者吾善之，不善者吾亦善之，德善。信者吾信之，不信者吾亦信之，德信。圣人在天下，歙歙为天下浑其心，圣人皆孩之。"意中说只要应合人情，自己没有善恶是非的成见。所以老子的话，一方是治天下，一方是无政府，只看当时人情所好，无论是专制，是立宪，是无政府，无不可为。仿佛佛法中有三乘的话，应机说法。老子在政治上也是三乘的话，并不执着一定的方针，强去配合。一方说："以道莅天下，其鬼不神。"是打破宗教；一方又说："人之所教，我亦教之。强梁者不得其死，吾将以为教父。"又是随顺宗教。所以说："不善者吾亦善之，不信者吾亦信之"，并不是权术话，只是随顺人情，使人人各如所愿罢了。再向下一层说，人心虽有非善恶的妄见，惟有客观上的学理，可以说他有是有非；主观上的志愿，到底不能说他有是有非。惟有无所为的未长进，可以说是真善真恶；有所为的长进，善只可说为伪善，恶也只可说为伪恶。照这样分别，就有许多判断，绝许多争论，在人事上岂不增许多方便么？兄弟看近来世事纷纭，人民涂炭，不造出一种舆论，到底不能拯救世人。上边说的，已略有几分了。最得意的，是《齐物论》中"尧伐三子"一章："昔者，尧问于舜曰：'我欲伐宗、脍、胥敖，南面而不释然。何也？'舜曰：'夫三子者，犹存乎蓬艾之间，若不释然，何哉？昔者，十日并出，草木皆照，而况德之进乎日者乎'！"据郭象注，蓬艾就是至陋的意思，物之所安，没有陋与不陋的分别。现在想夺蓬艾的愿，伐使从己，于道就不弘了。庄子只一篇话，眼光注射，直看见万世的人情。大抵善恶是非的见，还容易消去。文明野蛮的见，最不容易消去。无论进化论政治家的话，都钻在这个洞窟子里，就是现在一派无政府党，还看得物质文明，是一件重要的事。何况世界许多野心家。所以一般舆论，不论东洋西洋，没有一个不把文明野蛮的见横在心里。学者著书，还要增长这种意见，以至怀着兽心的强国，有意要并吞弱国，不说贪他的土地，利他的物产，反说那国本来野蛮，我今灭了那国，正是使那国的人民获享文明幸福。这正是尧伐三子的口柄。不晓得文明野蛮的话，本来从心上幻想出来。只就事实上看，什么唤作文明，什么唤作野蛮，也没有一定的界限，而且彼此所见，还有相反之处。所以庄子又说没有正处，没有正味，没有正色。只看人情所安，就是正处、正味、正色。易地而施，却像使海鸟啖大牢，猿猴着礼服，何曾有什么幸福！所以第一要造成舆论，打破文明野蛮的见，使那些怀挟兽心的人，不能借口。任便说我爱杀人，我最贪利，所以要灭人的国，说出本心，到了罢了。文明野蛮的见解，既先打破，那边怀挟兽心的人，到底不得不把本心说出，自然没有人去从他。这是老庄的第一高见。就使维摩诘生在今日，必定也主张这种议论，发起这种志愿，断不是只说几句慈善事业的话，就以为够用了。若专用佛法去应世务，规画总有不周。若借用无政府党的话，理论既是偏于惟物，方法实在没有完成。惟有把佛与老庄和合，这才是"善权大士"，救时应务的第一良法。至于说到根本一边，总是不住涅槃，不住生死，不著名相，不生分别。像兄弟与诸位，虽然不曾证到那种境界，也不曾趣入"菩萨一阐提"的地位，但是"闻思所成"，未尝不可领会；"发心立愿"，未尝不可宣言。《维摩诘经》所说的："虽观诸法不生而入正位，虽摄一切众生而不爱著，虽乐远离而不依身心尽，虽行三界而不坏法界性"。难道我辈就终身绝望么？

答 铁 铮

昨睹尊论，以为佛家之学，非中国所常习，虽上智之士，犹穷年累月而不得，况于一般国民，处水深火热之中，乃望此迂缓之学，以收成效，何异待西江之水以救枯鱼？求仆解答。仆非敢以大将临河，讲诵《孝经》之术，退黄巾也。顾以为光馥诸华，彼我势不相若，而优胜劣败之见，既深中于人心，非不顾利害、蹈死如饴者，则必不能以奋起；就起，亦不能持久。故治气定心之术，当素养也。明之末世，与满洲相抗、百折不回者，非耽悦禅观之士，即姚江学派之徒。日本维新，亦由王学为其先导。王学岂有他长？亦曰《自尊无畏》而已。其义理高远者，大抵本之佛乘，而普教国人，则不过斩截数语，此即禅宗之长技也。仆于佛学，岂无简择？盖以支那德教，虽各殊途，而根源所在，悉归于一，曰"依自不依他"耳。上自孔子，至于孟、荀，性善、性恶，互相阅讼。迄宋世，则有程、朱；与程、朱立异者，复有陆、王；与陆、王立异者，复有颜、李。虽虚实不同，拘通异状，而自贵其心，不以鬼神为奥主，一也。佛教行于中国，宗派十数，独禅宗为盛者，即以自贵其心，不援鬼神，与中国心理相合。故仆于佛教，独净土、秘密二宗有所不取。以其近于祈祷，猥自卑屈，与勇猛无畏之心相左耳。虽然，禅宗诚斩截矣，而末流沿袭，徒事机锋，其高者止于坚定无所依傍，顾于惟心胜义，或不了解，得其事而遗其理，是不能无缺憾者。是故推见本原，则以法相为其根核。法相、禅宗，本非异趣，达磨初至，即以《楞伽》传授，惜其后惟学《金刚般若》，而于法相渐疏，惟永明略有此意。今欲返古复始，则《楞伽》七卷，达磨只授四卷《楞伽》，同时流支复译十卷《楞伽》。四卷译文太拙，多诘诎不可解。十卷所定名词，亦有未审，故以实叉难陀所译七卷《楞伽》为定。正为二宗之通邮。然简机说法，亦自分途，其好湛思冥想者，则法相在所必用。若夫心乐总持，不喜繁碎之士，但以禅宗公案相示耳。法相或多迂缓，禅宗则自简易。至于自贵其心，不依他力，其术可用于艰难危急之时，则一也。时代气节之士，非能研精佛典，其所得者，无过语录简单之说，是岂今人所不能行乎？然仆所以独尊法相者，则自有其说。盖近代学术，渐趋实事求是之途，自汉学诸公分条析理，远非明儒所能企及。逮科学萌芽，而用心益复缜密矣。是故法相之学，于明代则不宜，于近代则甚适，由学术所趋然也。若夫词章之士，多喜浮华，如曩日龚定盦辈，宗法天台，无过爱其之词藻，于思想则不能如法相之精深，于行事则不能如禅宗之直截，乃谓佛教之亡，亡于禅学，至以师子身蛆相诮。夫禅宗末流，或有不识文字，不知经典者，佛教衰微，禅宗诚不能无咎。然欲研寻其理，则法相自为西来之正宗，必不得已，犹有般若，无取天台之杂糅涅槃、般若为也。涅槃立我，与《楞伽》《密严瑜伽》立如来藏及阿陀那识者，或可相通，与般若真空相远。若夫直指一心，廓然皎悟，则天台之不逮禅宗远甚！执武夫以诮美玉，何其言之妄耶？故仆以为相宗、禅宗，其为惟心一也。学相宗者，自《成惟识论》入门，至乎《瑜伽摄论》《密严楞伽》则止矣。学禅宗者，自唐代禅师诸语录入门，渐及《坛经》，至乎《楞枷》则止矣。为繁为简，亦各因其所好，岂专以精密深细之科条，施之于一概乎？足下主张孔学，则禅宗与姚江一派，说非不可融会，求其学术所自来者，姚江非特近于禅宗，亦窃取《密严》之意。特其敷衍门面，犹不得不扬儒抑释。今人学姚江，但去其孔、佛门户之见，而以其直指一心者为法，虽未尽理，亦可以悍然独往矣。所惜戒律未严，自姚江再传而后，其弟子已倡狂自肆，声色利禄，无不点污，故亭林斥之致无余地。自非以佛学相参，或兼用蕺山之说，则必不足以持世矣。若夫孔氏旧章，其当考者，惟在历史，戎狄豺狼之说，管子业已明言。上自虞、夏，下讫南朝，守此者未尝逾越，特《春秋》明文，益当保重耳。虽然，徒知斯义，而历史传记一切不观，思古幽情，何由发越？故不以为民族主义，如稼穑然，要以史籍所载人物制度、地理风俗之类，为之灌溉，则蔚然以兴矣。不然，徒知主义之可贵，而不知民族之可爱，吾恐其渐就萎黄也。孔氏之教，本以历史为宗，宗孔氏者，当沙汰其干禄致用之术，惟取前王成迹可以感怀者，流连弗替。《春秋》而上，则有六经，固孔氏历史之学也。《春秋》而下，则有《史记》《汉书》以至历代书志、纪传，亦孔氏历史之学也。若局于《公羊》取义之说，徒以三世、三统大言相扇，而视一切历史为刍狗，则违于孔氏远矣！今之夸者，或执斯宾塞尔邻家生猫之说，以讥史学。吾不知禹域以内，为邻家乎？抑为我寝食坐作之地乎？人物制度、地理风俗之类，为生猫乎？抑为饮食衣服之必需者乎？或又谓中国旧史，无过谱牒之流。夫其比属帝王，类辑世系，诚有近于谱牒者，然一代制度行于通国，切于民生，岂私家所专有？而风纪学术，亦能述其概略，以此为不足，而更求之他书，斯学者所有事，并此废之，其他之纷如

散钱者，将何以得其统纪耶？且中国历史，自帝纪、年表而外，犹有书志、列传，所记事迹、论议、文学之属，粲然可观。而欧洲诸史，专述一国兴亡之迹者，乃往往与档案相似。今人不以彼为谱牒，而以此为谱牒，何其妄也！足下不言孔学则已，若言孔学，原亟以提倡历史为职矣。至中国所以维持道德者，孔氏而前，或有尊天敬鬼之说。墨子虽生孔子后，其所守乃古道德。孔氏而后，儒、道、名、法，变易万端，原其根极，惟依自不依他一语。汉世儒术盛行，人多自好，本无待他方宗教为之补苴。魏、晋以后，风俗渐衰，不得不有资于佛说。然即莲社所谓净土者，亦多兼涉他宗，未尝专以念佛为事。三论继兴，禅宗、法相接踵而至，宗派虽异，要其依自则同。而沙门应机者，或取福田利益之说，以化颛愚，流而不返，迭为儒者所嗤。韩退之虽至短浅，犹且笑悼不已，况如程、朱之高材乎？退之喜大颠之能外形骸，伊川说《中庸》之前后际断，晦庵于十二缘生、三细六粗、十八界等，叹其精细，以为儒者弗及。然则其人其教，苟无涉乎依他之说者，虽支持门面之儒，犹不得不帖然诚服。盖好尚相同故也。昔无神之说，发于公孟；《墨子·公孟》篇；公孟子曰：无鬼神。是此说所起，非始晋代阮瞻。阮瞻但言无鬼，而公孟兼言无神，则识高于阮矣。排天之论，起于刘、柳。王仲任已有是说，然所排者惟苍苍之天而已，至刘、柳乃直拨天神为无。以此知汉族心理，不好依他，有此特长，故佛教得迎机而入，而推表元功，不得不归之孔子。世无孔子，即佛教亦不得盛行。仆尝以时绌时申、哗众取宠为孔子咎；至于破坏鬼神之说，则景仰孔子，当如岱宗北斗。凡人言行相殊，短长互见，固不容以一端相概也，或者谓孔子亦有天祝、天丧、天厌、获罪于天等语，似非无天神者。按孔子词气，每多优缓，而少急切之言，故于天神未尝明破。然其言曰：鬼神之为德，体物而不可遗。此明谓万物本体，即是鬼神，无有一物而非鬼神者，是即斯比诺沙泛神之说。泛神者，即无神之逊词耳。盖孔子学说，受自老聃，老子言象帝之先，即谓有先上帝而存者；庄生继之，则云道在蝼蚁、梯稗、瓦甓、屎溺，而终之以汝惟莫必，无乎逃物，则正所谓体物而不可遗者。无物非道，亦无物非鬼神，其义一致，此儒、老皆主泛神之说也。及其言天，则本诸往古沿袭之语，而非切指天神。且如印度婆罗门教建立大梵，梵当读钵，正言钵逻摩纳。佛教已拨去大梵，而犹有梵行之名词，盖旧语相沿，莫能迁易，然其义旨已非。孔子言天，亦若是耳。及公孟拨无鬼神，儒术由此成立，非孔子造端之力欤？儒者立说，但求心理之殊，不求形式之异。故孔子虽言鬼神体物，而仍言齐明盛服，以承祭祀。公孟虽拨无鬼神，而仍言祭祀之当有。然孔子言"如在"。如在者，明其本不在也。公孟于《墨子》无鱼作罟之说，亦无辩论。其意谓鱼虽无有，但顺世俗常仪而作罟可也。原中国言鬼者，本非直指幽灵，观《说文》鬼字从"甶"，甶为鬼头，与禺字从甶同意。禺本母猴，若鬼为幽灵无形之物，何以得像其头？何以母猴之头得与鬼头相似？是其初所谓鬼者，本即山都、野干之属，异物诡见，睹之惊逆，于是幽灵亦假此名，此言鬼者之缘起也。言天神者，则语或本于印度，古教梨俱吠陀所说最尊之神，有言丘者，为天上晴空之义，有言提婆者，即为天义，有言阿姑尼者，为光明火神，而与因陀罗即帝。合德之义，其语转变，流入中国，提婆二音，或译提桓，日本音作ラク，中国古音旧无麻部，故以歌、戈、元、寒等部之音代之。提桓合音则为天，由天而取其双声则谓之帝，由天而取其叠韵则谓之神。古音天、神同部。此自有形移于无形者。由天而取其双声，则对于天者，谓之地，此自有形移于有形者。由地而取其叠韵则谓之祇，此自有形移于无形者。然言神、言帝，有时或以天字代之，具体抽象，不甚分殊。而印度尊敬其人者，多谓之天。如阿闍世王称父为天，玄奘在印度被称为辩才天之类。中国古语，亦多同此。《庄子·在宥》篇载云将之语鸿蒙曰："天忘朕耶？曰吾遇天难"。《知北游》篇载老龙吉死，神农曰："天知予僻陋慢訑，故弃予而死"。是皆以天称其师长，则天语本于印度明矣。其言丘者，更可证明。《说文》："北，土之高也，非人所为也。从北从一。一，地也。人居在北南，故从北，中邦之居在昆仑东南。"按昆仑发脉于叶而羌，自南方视之，虽在西北，自燕代视之，反在西南。周、秦以上，诸华疆域，北方偏赢，何有昆仑在北之说？若谓溯原于迦勒底，则昆仑反在其东，说皆不合。夫正直昆仑之南者，惟印度耳。然则丘在人北，必自印度传之。观其以阆风、玄圃为神仙群帝所居，是即以昆仑拟之天上，即印度所指天上为丘者。圜丘之祭，实像昆仑为之，以祀昊天上帝，而丘训为空，《广雅·释诂》。又合晴空之义。古音丘巨相通，故丘嫂亦作巨嫂，巨即渠魁之渠。《封禅书》有老父称武帝为巨公。巨公、渠魁，文字非二，以丘为尊神，而名其君长为丘，犹以帝为尊神，而名其君长为帝也。阿姑尼之为语，本自火教所传，其名起于印度、波斯未分之世。中国重黎司火，于火教本有因缘，郊之为祭，大报天而主日，此明以火为最上之神，而六天明号，见于《文耀钩》《河图》各种纬书，其义多不可解。惟中央黄帝名含枢纽，含枢纽者，非阿姑尼之音转乎？《文耀钩》云："季夏六月，火受制，其名含枢纽"，《周礼·大宗伯疏》引。此非火神而与上帝合德之谓乎？此言天、言神、言帝之缘起也。其后辗转荒谬，不可爬梳，《鸿范》言"帝乃震怒"，

《大雅》言"帝谓文王"。则明视上帝为有人格矣。中国得孔子泛神之说，至公孟而拨除之，印度得数论无神之说，至释迦而昌大之。其转变亦有相似。自孔子、公孟而后，郊丘宗庙，不过虚文，或文人曼衍其词，以为神话。如《九歌》《天问》等。其实已无有尊信者，特愚民不学，犹眩惑于是耳。然所以维持道德者，纯在依自，不在依他，则已恚然可见。而今世宿德，愤于功利之谈，欲易之以净土，以此化诱贪夫，宁无小补？然勇猛无畏之气，必自此衰，转复陵夷，或与基督教祈祷天神相似。夫以来生之福田，易今生之快乐，所谓出之内藏，藏之外府者，其为利己则同。故索宾霍而以是为伪道德，《道德学·大原论》。而中国依自不依他之说，远胜欧洲神教，亦见德人沙克逊《黄祸论》中。今乃弃此特长，以趋庳下，是仆所以无取也。往者作《无神论》，大为基督教人所反对，广州教会有《真光报》，以仆为狂悖至极。吾以理内之言相稽，而彼以理外之言相应，此固无庸置辩。今得足下所言，乃藉以吐吾肝鬲。要之，仆所奉持，以"依自不依他"为臬极。佛学、王学虽有殊形，若以《楞伽》、五乘分教之说约之，自可铸融为一。王学深者，往往涉及大乘，岂特天人诸教而已；及其失也，或不免偏于我见。然所谓我见者，是自信，而非利己，宋儒皆同。不独王学。犹有厚自尊贵之风，尼采所谓超人，庶几相近。但不可取尼采贵族之说。排除生死，旁若无人，布衣麻鞋，径行独往，上无政党猥贱之操，下作懦夫奋矜之气，以此揭橥，庶于中国前途有益。乃若愚民妇子之间，崇拜鬼神，或多妖妄，幸其蒙昧寡知，道德亦未甚堕坏，死生利害之念，非若上流知学者之迫切也。若专为光复诸华计，或不必有所更张，而吾党亦有信基督教者，岂能要之使改，顾论理有相伐耳。至于社会相处之间，稍有信仰，犹愈于无执持。今之所志，但欲姬、汉遗民，趣于自觉，非高树宗教为旌旗，以相陵夺。况约《楞伽》、五乘之说，而基督教正在天、人二乘之间，是则即而用之，可矣。书此见志，愿足下审思之！章炳麟白。

无 神 论

世之立宗教、谈哲学者,其始不出三端:曰惟神、惟物、惟我而已。吠檀多之说,建立大梵,此所谓惟神论也;鞞世师译曰胜论。之说,建立实性,名为地、水、火、风、空、时、方、我、意,九者皆有极微,我、意虽虚,亦在极微之列,此所谓惟物论也;僧佉译曰数论。建立神我,以神我为自性三德所缠缚,而生二十三谛,此所谓惟我论也。近人以数论为心、物二元,其实非是。彼所谓自性者,分为三德,名忧德、喜德、暗德,则非物质明矣。其所生二十三谛,虽有心、物之分,此如佛教亦分心、色,非谓三德之生物质者,即是物质。寻其实际,神我近于佛教之识阴,忧德、喜德近于佛教之受阴,暗德近于佛教之根本无明,非于我外更有一物。渐转渐明,主惟神者,以为有高等梵天;主惟物者,以为地、水、火、风,皆有极微,而空、时、方、我、意,一切非有;主惟我者,以为智识意欲,互相依住,不立神我之名,似吠檀多派而退者,则基督、天方诸教是也;似鞞世师派而进者,则殢德、歌生诸哲是也;似僧佉派而或进或退者,则前有吠息特,后有索宾霍而是也。近人又谓笛加尔说,近于数论。其实不然。笛氏所说,惟"我思我在"一语,与数论相同耳。心、物二元,实不相似。惟我之说,与佛家惟识相近,惟神、惟物则远之。佛家既言惟识,而又力言无我。是故惟物之说,有时亦为佛家所采。小乘对立心物,则经部正量、萨婆多派,无不建立极微;大乘专立一心,有时亦假立极微,以为方便。瑜伽论师以假想慧,除析粗色,至不可析,则说此为极微,亦说此为诸色边际,能悟此者,我见亦自解脱。虽然,其以物为方便,而不以神为方便者,何也?惟物之说,犹近平等;惟神之说,崇奉一尊,则与平等绝远也。欲使众生平等,不得不先破神教。故就基督、吠檀多辈论其得失,而泛神诸论附焉。

基督教之立耶和瓦也,以为无始无终,全知全能,绝对无二,无所不备,故为众生之父。就彼所说,其矛盾自陷者多,略举其义如下:

无始无终者,超绝时间之谓也。既已超绝时间,则创造之七日,以何时为第一日?若果有第一日,则不得云无始矣。若云创造以前,固是无始,惟创造则以第一日为始。夫耶和瓦既无始矣,用不离体,则创造亦当无始。假令本无创造,而忽于一日间有此创造,此则又类僧佉之说。未创

造时，所谓"未成为冥性"者；正创造时，所谓"将成为胜性"者。彼耶和瓦之心，何其起灭无常也？其心既起灭无常，则此耶和瓦者，亦必起灭无常，而何无始之云？既已超绝时间，则所谓末日审判者，以何时为末日？果有末日，亦不得云无终矣。若云此末日者，惟是世界之终，而非耶和瓦之终，则耶和瓦之成此世界，坏此世界，又何其起灭无常也？其心既起灭无常，则此耶和瓦者，亦必起灭无常，而何无终之云？是故无始无终之说，即彼教所以自破者也。

全知全能者，犹佛家所谓萨婆若也。今试问彼教曰：耶和瓦者，果欲人之为善乎？抑欲人之为不善乎？则必曰：欲人为善矣。人类由耶和瓦创造而成，耶和瓦既全能矣，必能造一纯善无缺之人，而恶性亦无自起；恶性既起，故不得不归咎于天魔。虽然，是特为耶和瓦委过地耳。彼天魔者，是耶和瓦所造，抑非耶和瓦所造耶？若云是耶和瓦所造，则造此天魔时，已留一不善之根，以为惑诱世人之用。是则与欲人为善之心相刺谬也。若云非耶和瓦所造，则此天魔本与耶和瓦对立，而耶和瓦亦不得云绝对无二矣。若云此天魔者，违背命令，陷于不善，耶和瓦既已全能，何不造一不能违背命令之人，而必造此能违背命令之人？此塞伦哥自由之说，所以受人驳斥也。若云耶和瓦特造天魔，以侦探人心之善恶者，耶和瓦既已全知，则亦无庸侦探。是故全知全能之说，又彼教所以自破者也。

绝对无二者，谓其独立于万有之上也。则问此耶和瓦之创造万有也，为于耶和瓦外无质料乎？为于耶和瓦外有质料乎？若云耶和瓦外本无质料，此质料者，皆具足于耶和瓦中，则一切万有，亦具足于耶和瓦中，必如庄子之说，自然流出而后可，亦无庸创造矣。且既具足于耶和瓦中，则无时而无质料，亦无时而无流出。此万有者必不须其相续而生，而可以遍一切时，悉由耶和瓦生，何以今时万有不见有独化而生者？若云偶而乐欲，自造万有，乐欲既停，便尔休息，此则耶和瓦之乐欲无异于小儿游戏，又所谓起灭无常者也。若云耶和瓦外本有质料，如鞞世师所谓陀罗骠者，则此质料固与耶和瓦对立。质料犹铜，而耶和瓦为其良冶，必如希腊旧说，双立质料工宰而后可，适自害其绝对矣。是故绝对无二之说，又彼教所以自破者也。

无所不备者，谓其无待于外也。则问此耶和瓦之创造万有也，为有需求乎？为无需求乎？若无需求，则亦无庸创造；若有需求，此需求者当为何物何事？则必曰：善耳，善耳。夫所以求善者，本有不善，故欲以善对治之也。今耶和瓦既无所不备，则万善具足矣，而又奚必造此人类以增其善为？人类有善，于耶和瓦不增一发；人类不善，于耶和瓦无损秋毫。若其可以增损，则不得云无所不备也。且世界之有善恶，本由人类而生。若不创造人类，则恶性亦无自起。若云善有不足，而必待人类之善以弥缝其缺，又安得云无所不备乎？是故无所不备之说，又彼教所以自破者也。

基督教人以此四因，成立耶和瓦为众生之父。夫其四因，本不足以成立，则父性亦不极成。虽然，姑就父性质之，则问此耶和瓦者，为有人格乎？为无人格乎？若无人格，则不异于佛家所谓藏识。藏识虽为万物之本原，而不得以藏识为父。所以者何？父者，有人格之名，非无人格之名。人之生也，亦有赖于空气、地球。非空气，地球，则不能生。然不闻以空气、地球为父，此父天母地之说，所以徒为戏论也。若云有人格者，则耶和瓦与生人各有自性。譬如人间父子，肢体既殊，志行亦异，不得以父并包其子，亦不得以子归纳于父。若是，则非无所不备也，非绝对无二也。若谓人之圣灵，皆自耶和瓦出，故无害为无所不备，亦无害为绝对无二者。然则人之生命，亦悉自父母出，父母于子又可融合为一耶？且所以称为父者，为真有父之资格乎？抑不得已而命之乎？若其真有父之资格者，则亦害其绝对无二。所以者何？未见独父而能生子者，要必有母与之对待。若是，则耶和瓦者，必有牝牡之合矣。若云不待牝牡，可以独父而生，此则单性生殖，为动物最下之阶，恐彼耶和瓦者，乃不异于单性动物。而夜光、浸滴诸虫，最能肖父，若人则不肖亦甚矣。若云不得已而命之者，此则无异父天母地之说，存为戏论，无不可也。

如上所说，则能摘其宗教之过，而尚不能以神为绝无。尝试论之曰：若万物必有作者，则作者亦更有作者，推而极之，至于无穷。然则神造万物，亦必被造于他，他又被造于他。此因明所谓犯无穷过者。以此断之，则无神可知已。虽然，亦不得如向、郭自然之说。夫所谓自然者，谓其由自性而然也。而万有未生之初，本无自性；既无其自，何有其然？然既无依，自亦假立。若云由补特伽罗而生，而此补特伽罗者，亦复无其自性。是故人我之见，必不能立。若云法则固然，而此法则由谁规定？佛家之言"法尔"，与言"自然"者称殊，要亦随宜假说，非谓法有自性也。本无自性，所以生迷，迷故有法，法故有自，以妄为真，以幻为实。此则诚谛之说已。

若夫吠檀多教，亦立有神，而其说有远胜于基督教者。彼所建立："一曰高等梵天；二曰劣等梵天。高等梵天者，无属性，无差别，无自相；劣等梵天者，有属性，有差别，有自相。而此二三者，由于无明而起，既

有无明，则劣等梵天亦成于迷妄。而一切万物之心相，皆自梵出，犹火之生火花。是故梵天为幻师，而世间为幻象。人之分别自他，亦悉由梵天使其迷妄。若夫高等梵天者，离言说相，离名字相，离心缘相。谓之实在而不可得，谓之圆满而不可得，谓之清净而不可得。所以者何？实在、圆满、清净之见，皆由虚妄分别而成，非高等梵天之自性也。人之所思想者，皆为劣等梵天；惟正智所证者，乃为高等梵天。既以正智证得，则此体亦还入于高等梵天，非高等梵天之可入，本即高等梵天而不自知也。若其不尔，则必堕入轮回，而轮回亦属幻象。惟既不离虚妄分别，则对此幻象而以为真。此则吠檀多教之略说已。

今夫基督教以耶和瓦为有意创造，则创造之咎，要有所归，种种补苴，不能使其完善。吠檀多教立高等、劣等之分，劣等者既自无明而起，则虽有创造，其咎不归于高等梵天。基督教以世界为真，而又欲使人解脱。世界果真，则何解脱之有？吠檀多教以世界为幻，幻则必应解脱，其义乃无可驳。虽然，彼其根本误谬，有可道者。若高等梵天有士夫用，则不得不有自性；既有自性，则无任运转变，无明何自而生？劣等梵天依何而起？若高等梵天无士夫用者，则无异于佛家之真如。真如无自性，故即此真如之中，得起无明，而劣等梵天者，乃无明之异语。真如、无明，不一不异，故高等梵天与劣等梵天，亦自不一不异。若是，则当削去梵天之名，直云真如、无明可也。若谓此实在云，此圆满云，此清净云，惟上虚妄分别，真如之名，亦是虚妄分别，故不得举此为号。然则梵天云者，宁非虚妄分别之名耶？又凡云"幻有"者，固与"绝无"有别。若意识为幻有，五大亦属幻有，则有情之意识，得以解脱，而无情之五大，以何术使其解脱？是则虚妄世界，终无灭尽之期也。若意识是幻有，而五大是绝无者，无则比于龟毛兔角，亦不得谓是梵天幻师所作之幻象矣。是何也？幻象者是幻者，而此乃绝无也。且劣等梵天既是无明，必断无明而后解脱，则将先断劣等梵天。人能断无明，高等梵天亦能断无明耶？否耶？若高等梵天能断无明者，则劣等梵天固有永尽之日。若高等梵天，常与劣等梵天互相依住，有如束芦，则必不能断无明。人能断无明，而高等梵天乃不能断无明，是则高之与劣，复有何异？故由吠檀多教之说，若变为抽象语，而曰真如、无明，则种种皆可通；若执此具体语，而曰高等梵天、劣等梵天，则种种皆不可通。此非有神教之自为障碍耶？

近世斯比诺莎所立泛神之说，以为万物皆有本质，本质即神。其发见于外者，一为思想，一为面积。凡有思想者，无不具有面积；凡有面积者，无不具有思想。是故世界流转，非神之使为流转，实神之自体流转。离于世界，更无他神；若离于神，亦无世界。此世界中，一事一物，虽有生灭，而本体则不生灭，万物相支，喻如帝网，互相牵掣，动不自由。乃至三千大千世界，一粒飞沙，头数悉皆前定，故世必无真自由者。观其为说，以为万物皆空，似不如吠檀多教之离执着。若其不立一神，而以神为寓于万物，发蒙叫旦，如鸡后鸣，瞻顾东方，渐有精色矣。万物相支之说，不立一元，而以万物互为其元，亦近《华严》无尽缘起之义。虽然，神之称号，遮非神而为言；既曰泛神，则神名亦不必立。此又待于刊落者也。

赫而图门之说，以为神即精神。精神者，包有心物，能生心物。此则介于一神、泛神二论之间。夫所谓包有者，比于囊橐耶？且比于种子耶？若云比于囊橐，囊橐中物，本是先有，非是囊橐所生，不应道理。若云比于种子，杆茎华实，悉为种子所包，故能生此杆茎华实。然种子本是杆茎所成，先业所引，复生杆茎华实；若种子非杆茎华实所成者，必不能生杆茎华实。此则神亦心物所成，先业所引，复生心物，是心物当在神先矣。若谓自有种子能生杆茎华实，而非杆茎华实所成，如藕根之相续者，为问此藕自何处来？必曰藕自藕生。复问此藕往何处去？必曰藕复生藕，及生莲之杆茎华实。然则以藕喻神，则今神为先神所生，当有过去之神矣。今神复生后神，及生一切心物，当有未来之神矣。过去之神，精神已灭；现在之神，精神暂住；未来之神，精神未生。达摩波罗氏云："若法能生，必非常故；诸非常者，必不遍故；诸不遍者，非真实故。"若是，则神亦曷足重耶？虽然，赫氏则既有其说矣，彼固以为世界自盲动而成。此则窃取十二缘生之说。盲即无明，动即是行，在一切名色六入之先，是以为世界所由生也。神既盲动，则仍与吠檀多教相近。而有无之辩，犹鹳雀蚊虻之相过乎前矣。

夫有神之说，其无根据如此，而精如康德，犹曰："神之有无，超越认识范围之外，故不得执神为有，亦不得拨神为无。"可谓千虑一失矣！物者，五官所感觉；我者，自内所证知。此其根底坚牢，固难骤破。而神者，非由现量，亦非自证，直由比量而知。若物若我，皆俱生执，而神则为分别执。既以分别而成，则亦可以分别而破。使神之感觉于五官者，果如物质，其证知于意根者，果如自我，则不能遽拨为无，亦其势也。今观婴儿堕地，眙视火光，目不少瞬，是无不知有物质者也。少有识知，偶尔蹉跌，头足发痛，便自捶打。若曰此头此足，令我感痛，故以此报之耳。

是不执色身为我，而亦知有内我也。若神则非儿童所知，其知之者，多由父兄妄教；不则思虑既通，妄生分别耳。然则人之念神，与念木魅山精何异？若谓超越认识范围之外，则木魅山精亦超越认识范围之外，宁不可直拨为无耶？凡现量、自证之所无，而比量又不可合于论理者，虚撰其名，是谓无质独影。今有一人，自谓未生以前，本是山中白石。夫未生以前，非其现量、自证之所知，即他人亦无由为之佐证，此所谓超越认识范围之外者也。而山中白石之言，若以比量推之，又必不合，则可以直拨为无。惟神亦然，不可执之为有，而不妨拨之为无，非如本体实在等名，虽非感觉所知，而无想灭定之时，可以亲证其名，则又非比量所能摧破也。更以认识分位言之，则人之感物者，以为得其相矣。而此相者，非自能安立为相，要待有名，然后安立为相。吾心所想之相，惟是其名，于相犹不相涉。故一切名种分别，悉属非真，况于神之为言，惟有其名，本无其相，而不可意拨为无乎？难者曰：若是，则真如、法性等名，亦皆无相，何以不拨为无？答曰：真如、法性，亦是假施设名。遮非真如、法性，则不得不假立真如、法性之名，令其随顺，亦如算术之有代数，骨牌之列天人，岂如言神者之指为实事耶？且真如可以亲证，而神则不能亲证，其名之假相同，其事则不相同，故不可引以为例。若夫佛家之说，亦云忉利天宫，上有天帝，名曰释提桓因。自此而上，复有夜摩、兜率诸天，乃至四禅、四空，有多名号。此则所谓诸天者，特较人类为高，非能生人，亦非能统治人。征以生物进化之说，或有其征，要非佛家之所重也。至云劫初生人，由光音天人降世，此则印度旧说，顺古为言，与亚当、厄辙等同其悠谬。说一切有部以为世尊亦有不如义言，明不得随文执着矣。

章太炎

建立宗教论

太空之鸟迹，可以构画乎？绘事之所穷也；病眼之毛轮，可以行车乎？舆人之所困也。然则以何因缘而立宗教？曰：由三性。三性不为宗教说也。白日循虚，光相暖相，遍一切地，不为祠堂丛社之幽寒而生日也，而百千微尘，卒莫能逃于日外，三性亦然。云何三性？一曰：遍计所执自性；二曰：依他起自性；三曰：圆成实自性。第一自性，惟由意识周遍计度刻画而成。若色若空，若自若他，若内若外，若能若所，若体若用，若一若异，若有若无，若生若灭，若断若常，若来若去，若因若果。离于意识，则不得有此差别。其名虽有，其义绝无。是为遍计所执自性。第二自性，由第八阿赖耶识、第七末那识，与眼、耳、鼻、舌、身等五识虚妄分别而成。即此色空，是五识了别所行之境；即此自他，是末那了别所行之境；即此色空、自他、内外、能所、体用、一异、有无、生灭、断常、来去、因果，是阿赖耶了别所行之境。赖耶惟以自识见分，缘自识中一切种子以为相分。故其心不必现行，而其境可以常在。末那惟以自识见分，缘阿赖耶以为相分。即此相分，便执为我，或执为法，心不现行，境得常在，亦与阿赖耶识无异。五识惟以自识见分，缘色及空以为相分。心缘境起，非现行则不相续；境依心起，非感觉则无所存。而此五识，对色及空，不作色空等想。末那虽执赖耶，以此为我，以此为法，而无现行我法等想。赖耶虽缘色空、自他、内外、能所、体用、一异、有无、生灭、断常、来去、因果以为其境，而此数者各有自相，未尝更互相属。其缘此自相者，亦惟缘此自相种子，而无现行、色空、自他、内外、能所、体用、一异、有无、生灭、断常、来去、因果等想。此数识者，非如意识之周遍计度执着名言也。即依此识而起见分相分二者，其境虽无，其相幻有。是为依他起自性。第三自性，由实相、真如、法而犹云自然。而成，亦由阿赖耶识还灭而成。在遍计所执之名言中，即无自性；离遍计所执之名言外，实有自性。是为圆成实自性。夫此圆成实自性云者，或称真如，或称法界，或称涅槃。而柏拉图所谓伊跌耶者，亦往往近其区域。佛家以为正智所缘，乃为真如；柏拉图以为明了智识之对境为伊跌耶。其比例亦多相类。乃至言哲学创宗教者，无不建立一物以以为本体。其所有之实相虽异，其所举之形式是同。是圆成实自性之当立，固有智者所认可也。是遍计所执自性，佛家小乘有诸法但名宗；而大乘《般若经》中亦谓我但有名，谓之为我，实不可得，以不可得，故空。但随世俗假立客名，诸法亦而。是其为说，亦不止法相一家，即欧洲中世学者，如鹿塞梨尼辈，亦皆寻取通性，以为惟有其名。是遍计所执自性之当遗，亦有智者所认可也。惟此依他起自性者，介乎有与非有之间，则识之殊非易矣。自来哲学宗教诸师，其果于建立本体者，则于本体之中，复为之构画内容，较计差别。而不悟其所谓有者，乃适成遍计所执之有，于非有中起增益执，其本体即不成本体矣。其果于遮遗空名者，或以我为空，或以十二范畴为空，或以空间、时间为空。独于五尘，则不敢毅然谓之为空。愿以为必有本体，名曰物如。物如云者，犹净名所谓色如耳。色兼五尘言。此则计五尘为不空，而计法尘为空。彼以此五尘者，亦有能诠，亦有所诠；此法尘者，惟有能诠，绝无所诠。有所诠者，必有本体；无所诠者，惟是空名。不悟离心而外，即不能安立五尘。是则五尘之安立，亦无异于法尘之安立。五尘固幻有也，而必有其本体；法尘亦幻有也，宁得谓无本体？于幻有中起损减执，其空名亦无由为空名矣。此二种边执之所以起者，何也？由不识依他起自性而然也。损减执者，不知五尘法尘，同是相分。此诸相分，同是依识而起。由有此识，而有见分、相分依之而起。如依一牛，上起两角。故意识见分，亲缘法尘以为相分之时，此法尘者，未尝离于意识之外；即五识见分，正缘五尘以为相分之时，五识亦未尝自起分别，以为此五尘者，离于五识之外。然则法尘在意识中，五尘在五识中。若云五尘之名有所诠者，则法尘之名亦有所诠；若云法尘之名无所诠者，则五尘之名亦无所诠。所以者何？其所诠者皆不在外，惟为现行之相分而已。今者排摈意识，以为所见法尘，惟是妄想而无外境；又取此五识所见之外境，在五识中本不分别以为外境者，却从意识所分以为外境。于彼则排摈意识，于此则又不得不借资于意识，矛盾自陷，尚可通乎？且法尘中所谓十二范畴者，与彼五尘犹各自独立，不必互为缘起也。若空间，则于五尘之静相有所关系矣；若时间，则于五尘之动相亦有所关系矣。关系者，何也？所谓观待道理也。马鸣有言："虚空妄法，对色故有，若无色者，则无虚空之相。"由此言之，亦可云色尘妄法，对空故有；若无空者，则无色尘之相。假令空是绝无，则物质于何安置，假令时是绝无，则事业于何推行？故若言无空间者，亦必无物而后可；若言无时间者，亦必无事而后可。彼其所以遮拨空、时者，以前此论空间者，或计有边，或计无边；论时间者，或计有尽，或计无尽。互为矛楯，纠葛无已。于此毅然遮拨为无，而争论为之杜口。此不可谓非孤怀殊识也。虽然，有边无边，有尽无尽之见，岂独关于空间时间而已耶？若以物言，亦可执有边、无边之见。所以者何？现见六十四种极微，积为地球，推而极之，以致恒星世界。此恒星世界极微之量，果有边际乎？抑无边际乎？若以事言，亦可执有尽、无尽之见。所以者何？现见单细胞物，复生单细胞物，经过邬波尼杀昙数层累阶级而为人类，由此人类复生人类。此一切众生之流注相续者，果有始终乎？抑无始终乎？然则破空而存物、破时而存事者，终不能使边、尽诸见，一时钳口结舌明矣。果欲其钳口结舌耶？则惟取物质、事业二者，与空间、时间同日而遮拨之可也。夫彼亦自知持论之偏激也，故于物质中之五尘，说不得不谓其幻有，而归其本体于物如。若尔，则空间时间何因不许其幻有耶？物有物如，空间时间何因不许其有空如时如？贝尔巴陀氏继康德后建立列夏尔说，已云有睿智之空间、睿智之时矣。不识此义，而谓惟有空名，都无实性。生人心识，岂于空无所依而起此觉？故曰："损灭执者，不知依他起自性也"。而彼增益执者，则又反是。说神我者，以为实有丈夫，不生不灭。其说因于我见而起。乃不知所谓我者，舍阿赖耶识而外，更无他物。此识是真，此我是幻，执此幻者以为本体，是第一倒见也。说物质者，欧洲以为实有阿屯，印度以为实有钵罗摩怒，执为极细，而从此细者剖之，则其细至于无穷。名家所谓"一尺之捶，日取其半，万世不竭"者，彼不能辞其过矣。执为无厚，无厚，即非延长，谓其本无形式，非粗非细。离于色、声、香、味、触等感觉所取之外，惟其中心力存。此虽胜于极细之说，然未见有离于五尘之力，亦未见有离力之五尘。力与五尘，互相依住，则不得不谓之缘生。既言缘生，其非本体可知。然则此力、此五尘者，依于何事而能显现？亦曰心之相分，依于见分而能显现耳。此心是真，此质是幻，执此幻者以为本体，是第二倒见也。说神教者，自马步诸述而上，至于山川土谷；稍进则有祠火，与夫尊祀诸天之法；其最高者，乃有一神、泛神诸教。其所崇拜之物不同，其能崇拜之心不异。要以貌尔七尺之形，饥寒疾苦，辐辏交迫，死亡无日，乐欲不恒。则以为我身而外，必有一物以牵逼我者，于是崇拜以祈获福。此其宗教，则烦恼障实驱使之。或有山谷之民，出自窟穴，至于高原大陆之上，仰视星辰，外睹河海，而爽然自哀其形之小，所见所闻，不出咫尺，其未知者，乃有无量恒

河沙数。且以万有杂糅，棼不可理，而循行规则，未尝忒于其度，必有一物以铃辖而支配之，于是崇拜以明信仰。此其宗教，则所知障实驱使之。不能退而自观其心，以知三界惟心所现，从而求之于外；于其外者，则又与之以神之名，以为亦有人格。此心是真，此神是幻，执此幻者以为本体，是第三倒见也。故曰，增益执者，亦不知依他起自性也。若尔，则二种边执者，固不知有依他起自性矣。亦有能立本体，能遣空名，而卒之不得不密迩于依他者。特无此依他之名以为权度，虽其密意可解，而文义犹不得通。如柏拉图可谓善说伊跌耶矣，然其谓一切个体之存在，非即伊跌耶，亦非离伊跌耶。伊跌耶是有，而非此则为非有，彼个体者，则兼有与非有。夫有与非有之不可得兼，犹水火相灭，青与非青之不相容也。伊跌耶既是实有，以何因缘不遍一切世界，而令世界尚留非有？复以何等因缘，令此有者能现景于非有而调合之，以为有及非有？若云此实有者，本在非有以外，则此非有亦在实有以外。既有非有，可与实有对立，则虽暂名为非有，而终不得不认其为有，其名与实，适相反矣。若云此实有者，本无往而非实有，特人不能以明了智识观察，横于实有之中，妄见非有；复于此妄见非有之中，微窥实有，更相盘错，然后成此个体之有与非有。是则成此个体者，见、相二分之依识而起也。非说依他起自性，则不足以极成个体也。又如希腊上世，哀梨牙派有犍诺摩者，以为一切皆无异相，亦无流转，虽以镞矢之疾，一刹那间则必不动。自此第一刹那，积而至于十百刹那，初既无动，则后亦不能更动。此其为说，岂不近于方实不转、心实不动之义耶？乃谓见其有动者，出于迷妄，此则所谓云驶月运、舟行岸移之说也。然未能说此迷妄是谁？复以谁之势力而能使之迷妄？故非说依他起自性，则不足以极成妄动也。又如康德既拨空间、时间为绝无，其于神之有无，说不欲遽定为有。存其说于纯粹理性批判矣。逮作实践理性批判，则谓自由界与天然界，范围各异。以修德之期成圣，而要求来生之存生，则时间不可直拨为无；以善业之期福果，而要求主宰之存在，则神明亦可信其为有。夫使此天然界者，固一成而不易，则要求亦何所用。知其无得，而要幸于可得者，非愚则诬也！康德固不若是之愚，亦不若是之诬，而又未能自完其说。意者于两界之相挤，亦将心懵意乱，如含蒜齑耶？欲为解此结者，则当曰：此天然界本非自有，待现识要求而有。此要求者，由于渴爱；此渴爱者，生于独头无明。纵令有纯紫之天然界，而以众生业力，亦能变为纯青之天然界。此渴爱者云何？此独头无明者云何？依于末那意根而起。故非说依他起自性，则不足以极成未来，亦不足以极成主宰也。以此数者证之，或增依他，或减依他，或虽密迩，而不能自说依他。偏执者，则论甘忌辛；和会者，则如水投石。及以是说解之，而皆冰解冻释。然后知三性之说，是名了义言教，则如毗湿缚药，一切散药仙药方中，皆应安处；则如画地，遍于一切彩画事业，或青或黄，或赤或白，皆同一味，复能显发彩画事业；则如熟酥，倾置一切珍馐诸饼果内，更生胜味。吾既举此诸例，于是复持三性以衡宗教。

宗教之高下胜劣，不容先论。要以上不失真，下有益于生民之道德为其准的。故如美洲之摩门，印度之湿婆韦纽，西藏之莲华生教，专以"不律仪"为务者，无足论矣。反是，虽崇拜草木、龟鱼、徽章、咒印者，若于人道无所陵藉，则亦姑容而并存之。彼论者以为动植诸物，于品庶为最贱，今以人类而崇拜之，则其自贱滋甚！若自众生平等之见观之，则大梵安荼、耶和瓦辈，比于动植诸物，其高下竟未有异也。然而不可为训者，何也？彼以遍计所执自性为圆成自性也。言道在稊稗、屎溺者，非谓惟此稊稗、屎溺可以为道；言墙壁、瓦砾咸是佛性者，非谓佛性止于墙壁、瓦砾。执此稊稗、屎溺、墙壁、瓦砾以为道只在是，佛只在是，则遍计所执之过也。非特下劣诸教为然也，高之至于吠陀、基督、天方诸教，执其所谓大梵、耶和瓦者，以为道在是，神只在是，则亦限于一实，欲取一实以概无量无边之实，终不离于遍计矣。不得已而以广博幽玄之说附之，谓其本超象外，无如其"有对之色"为之碍地。非特神教为然也，释教有无量寿佛之说，念之者得生净土，永不退转。其始创此"易行道"者，固以遍教僧俗，使随顺法性而得入尔。而拙者震于功德庄严，愰忽如闻铃网之声，如见曼陀罗华之色。由其欣羡三界之心，以欣净土，净土本净，而以所欣者垢之，则何以异于人天诸教。是故以遍计所执而横称为圆成实者，其疵玷则既然矣。然则居今之世，欲建立宗教者，不得于万有之中，而横计其一为神，亦不得于万有之上；而虚拟其一为神。所以者何？诸法一性，即是无性，诸法无性，即是一性，此般若精妙之悉檀，亦近世培因辈所主张也。执一实以为神者。其失固不胜指。转而谓此神者，冒世界万有而为言，然则此所谓有，特人心之概念耳。以假立依他言之，概念不得不说为有；以遮拨遍计言之，概念不得不说为无。从其假立而谓概念惟在自心，当以奢摩他法，洒扫诸念，令此概念不存而存，亦冥不可从其遍计，而谓吾此概念，必有一在外者与之相应，从而葆祠之、祈祷之，则其愚亦甚矣！又复从此概念而写其形质材性，谓其无不能成，无不能坏，如计羝羊之有乳者，所计已谬，犹以为少，复计今日之乳为甘，明日之乳为苦，

章太炎

则其诬，抑又甚矣。虽然，执着诸法一性即是无性之言，而谓神者固无，非神亦无，则又所谓损减执者。所以者何？由彼故空，彼实是无；于此而空，此实是有。谓此概念法尘，非由彼外故生，由此阿赖耶识原型观念而生。拙者以彼外界为有，而谓法尘为空。实则外界五尘，尚不可不说为无，况于法尘而可说为非无。若即自此本识原型言之，五尘、法尘，无一非空。而五尘、法尘之原型，不得不说为有。人之所以有此原型观念者，未始非迷。迷不自迷，则必托其本质；若无本质，迷无自起。马鸣所谓迷东西者，依方故迷；若离于方，则无有迷。众生亦尔，依觉故迷；若离觉性，则无不觉。以有不觉妄想心，故能知名义，为说真觉。若离不觉之心，则无真觉自相可说。是故概念虽迷，迷之所依，则离言而实有。一切生物，遍在迷中，非因迷而求真，则真无可求之路。由此故知，冒万有者，惟是概念，知为概念，即属依他；执为实神，即属遍计。于概念中，立真如名，不立神名。非斤斤于符号之差殊，由其有执、无执异尔。

万有皆神之说，未成宗教，而有建立宗教之资。自曼布轮息、斯比诺沙、海格尔辈，积世修整，渐可惬心。然近世泛神教之立说，则亦有可议者。彼其言曰：以一蚁子之微，而比于人，人之大，不知几千万倍也。然此几千万倍者，要必有量。若人之比华藏世界，其大小则无有量。朝菌不知晦朔，惠蛄不知春秋。晦朔、春秋，与朝菌、惠蛄，所经之修短，犹有量也。而永劫之来，不知其始；其去也，不知其终。人之寿量，比于永劫，又巧历者所不能计也。以此器界时间之无量，而一切布列其间者，取舍屈伸，生住异减，无时而或忿于法。孰主张是，孰维纲是？吾辈睹此，安得不自愧其形之细，其时之促，其知之劣耶？设于巴黎市中，而有一瓯之花，于花萼间而有微虫。微虫在花，安知其市之方圆面积，与其市中之人所经营者？人之比于华藏世界，复不可以此相校，而欲知其体、相、用三，必不可得。是故其崇拜也，非以为有一主宰，恐怖佞媚而事之也。以彼无量，而比于我之有限，以彼有法，而比于我之不知，则宜其归敬矣。今辨无量之说曰：所以知无量者，由于心起分别。先以大小、长短相形，至不可形，而立无量之名。此无量之名，未显现时，则阿赖耶识中之原型观念耳。若自心见分，不缘同聚同体之相分，则无量之名亦无。然则无量者，自心中之无量，非在外之无量。彼希腊古德之建立"阿贝轮"者，甚无谓也。纵令有其外界，物物而数之，事事而检之，其简阅则无穷极。若但思"无量"二字，则以一刹那顷，可以概括而知。是知其内容则难，而知其外延则易。若云止知外延不知内容者，不足以称如实了知。若尔，吾身以内，爪生发长，筋转脉移，吾亦不自知也，而固自知有我。能知我之外延，而不知我之内容，虽不知，亦无害为知矣。如实知其无量者，根本智之事也；如实知其部分者，后得智之事也。待根本智成而起后得智时，无患其不知也。且彼所谓无量者，谓其至大无外，至长无际耳。然至大者极于无量，而取最小之微尘递分析之，其小亦无有量；至长者极于无量，若取最短之一刹那为之分析，则复有其短者，递析递短，而其短亦无有尽。以吾形而比于华藏，以吾寿而比于永劫，其细且短，不可以量计也。若复取吾形而比于递分之微尘，取吾寿而比于递析之刹那，其大且长，又不可计其量矣。夫以吾形吾寿，而比于华藏永劫，犹云以定量比无量，无相拟之理也。而吾形吾寿，本是细且短者之积。细者短者既无量，则吾形吾寿亦自无量。以吾形吾寿之无量，比于华藏永劫之无量，均此无量，则不得云孰胜孰劣矣。由此言之，量与无量，本由自心分别而起。分别所依，依于吾形吾寿，以为权度。于其本无量者，而强施以有量之名。果离我见，安取量与无量之说为？若犹不了，则更取其离于外界者而言之。夫一、二、三、四之数，本非外界所有，而惟是内识之范畴。此立敌所共许也。然若取此一数，递加递乘，自十、百、千、万、亿、兆、以至不可纪极之数，则虽以超过永劫之寿，无一刹那而不偻指以计，犹不能尽其边际也，夫以心所自造之数，其无量亦如外界。然则无量固在自心，不在外界，明矣。辨有法之说曰：凡取一物一事，而断其合法与否，此亦惟在自心，非外界所能证也。而人心之断其合法与否者，有时亦无一成之规则。今有四时辰表，甲者密合晷影，无所差忒，乙者递行则递迟，丙者递行则递速，丁者乍速乍迟，各有定斋。自世俗言之，则必以甲者为合法，乙者、丙者为不合法，而丁者则不合法之尤甚者也。然甲者诚合法矣，其次三者，虽不与晷影相应，而亦自循其法，未尝逾越。乃若地球之自转也，子午圈亦每日不同，此与丁者何异？而人未尝以为不合法也。若云：彼有常度，可以推测，故谓之合法者，则时辰表之乍迟乍速，亦自有法，常度可以推测知之。于此则被以不合法之名，于彼而被以合法之名，此特人心之自为高下，而于物何与焉。且合法者，对不合法而言耳。有生之物，以有自由，而举止率多逾法；彼无生者，既无自由，则不得不由他物相牵而动。万物相支，互为推荡之，合法亦奚足羡？若使有生之物，一日跌手瞑目而死，青瘀变烂，亦事事合法矣。其不合法者，特生时一细分也，而细分固不能动全部。如彼地、水、火、风之属，亦宁知无细分之不合法者，将可引绳切墨以求之乎？大风起于土囊之口，震电激于玄云之下；朝跻于

西，崇朝其雨；其雨其雨，杲杲出日；是虽无生之物，而亦不能以定法限之。就彼人类可推之率，则以为合法云尔。由是观之，心精圆遍，含裹十方，云何无量？心之无量；云何合法？心之合法。与其归敬于外界，不若归敬于自心。不知其心，而怖于外，以为穷大至精。譬之心有尤者，闻鸟鸣而谓鸟亦有尤；心有乐者，睹草色而谓草亦有乐。于彼外界起增益执，于此自心起损减执，实惟不了依他之故。

复次，以为宇宙至大，非人类所能推测者，此亦于宇宙起增益执，于自心起损减执。宇宙本非实有，要待意想安立为有。若众生意想尽归减绝，谁知有宇宙者？于不知中证其为有，则证据必不极成。譬如无树之地，证有树影，非大愚不灵之甚耶？虽然，此但足以遮有，而不足以立无。有无皆不敢定，则堕入怀疑之说。是故为说梦喻：如人梦时，见有种种山川、城郭、水火、云物，既觉寤已，决定知为非有。由此可知，觉时所见种种现象，亦如梦象，决定非有，既大觉已，如实知无。今之以意想知其为无者，但为比知，非如实知。正如梦时亦有自知为梦者，然非于知为梦时，遂能消灭种种梦境。故但说为比知，不说为如实知。虽然，此诚足以遮境，而亦足以遮心。境缘心生，心仗境起，若无境在，心说不生。譬如生盲，素未见有黑白，则黑白之想亦无。如是遮境为无者，亦不能立心为有。是故为说证量：如人起心，疑境为无，或起胜解，决定遮境为无。如是，于此自心亦疑为无，亦决定遮拨为无。然于疑境遮境之时，境已粉碎，无可安立。而此疑心遮心之时，非以他物而能疑心遮心，要即此心，方能疑心遮心。即此疑心遮心之心，亦即是心。是故前心虽在可疑可遮之列，而此心则无能疑能遮之理。虽然，此但可以现起之心，还成此心，而不能以不现起心，成此自心。如人以心遮心为无，其后则并不起心遮心为无，亦不起心立心为有。当尔所时，心尚不起，宁能说为有无耶？是故为说有种子识。种子识者，即阿赖耶。凡起心时，皆是意识，而非阿赖耶识。然此意识，要有种子；若无种子，当意识不起时，识已断灭，后时何能再起？若尔，闷绝熟眠等位，便当与死无异，云何得有觉寤？云何觉寤以后还复起心？由此证知，意虽不起，非无种子识在。如隔日疟，疟不起时。非无疟种；若疟种灭断者，云何隔日以后，疟复现起？夫五识者，待有五尘为其对境，然后识得现起；意虽猛利，于境不见前时，亦得自起"独头意识"。然此"独头意识"，亦非无端猝起，要必先有"五俱意识"，与五识同取对境。境既谢落，取境之心不灭，虽隔十年，独头意识犹得现前。是故五识与意识者，即以自造之境，与自识更互缘生。喻如色相，与太空相依俱有，空依色住，色依空住，若去其一，余则不存。又如黑、白二线，交纽为结，黑线之结，以白线成，白线之结，以黑线成，若去其一，余一则不成结。说如生人皆有两足，左足能立，以有右足；右足能立，以有左足，若去其一，余一则亦倾倒。如是法喻，但可执是以说六识，不能执是以说阿赖耶识。阿赖耶识，无始时来，有种种界，如蜀黍聚。即此种种界中，有十二范畴相，有色空相，有三世相，乃至六识种子，皆在阿赖耶中。自有亲缘，故无起尽，亦无断绝。非如六识之缘境而起，离境而息。是故心虽不起，而心非无，其义成立。虽然，此但可说有种子之集相，而不能说无种子之灭相。诸漏既尽，证得二空。是时种子既断，此识复何所在？是故为说庵摩罗识。庵摩罗者，译言无垢。即此阿赖耶识，永离垢染，而得此名。如手五指，屈而现影，欲捉此影，遽握成拳，手为能握，影为所握，阿赖耶识执持现识及彼见相，亦复如是。若在暗处，即以此手自握成拳，即此能握，即是所握，阿赖耶识执持种子，亦复如是。若即此手，还自解拳，既无所握，亦无能握，而此手力，非不能握，庵摩罗识无所执持，亦复如是。由此故知，明了识性，无时断绝。解此数事，则此心为必有，而宇宙为非有。所谓宇宙，即是心之碍相。即以此心，还见此心，夫何不可推测之有？

上来所说，诸事神者，皆起于增益执。泛神之说虽工，而由不了依他，故损减自心而增益外界。其可议者，犹在今之立教，惟以自识为宗。识者云何？真如即是惟识实性，所谓圆成实也。而此圆成实者，太冲无象，欲求趋入，不得不赖依他。逮其证得圆成，则依他亦自除遣。故今所归敬者，在圆成实自性，非依他起自性。若其随顺而得入也，则惟以依他为方便。一切众生，同此真如，同此阿赖耶识。是故此识非局自体，普遍众生，惟一不二。若执着自体为言，则惟识之教，即与神我不异。以众生同此阿赖耶识，故立大誓愿，尽欲度脱等众生界，不限劫数，尽于未来。若夫大圜星界、地、水、火、风无生之物，则又依众生心而生幻象。众生度尽，则无生之物自空。是故有度众生，无度四大。而世之议者，或执释教为厌世，或执释教为非不厌世。此皆一类偏执之见也。就俗谛而言之，所谓世者，当分二事：其一三界，是无生物，则名为器世间；其一众生，是有生物，则名为有情世间。释教非不厌世，然其所谓厌世者，乃厌此器世间，而非厌此有情世间。以有情世间堕入器世间中，故欲济度以出三界之外。譬之同在漏舟，波涛上浸，少待须臾，即当沦溺，舟中之人，谁不厌苦此漏舟者？于是寻求木筏，分赋浮匏，期与同舟之人，共免沦陷。然

则其所厌者，为此漏舟，非厌同在漏舟之人，明矣。与彼蛬遯甘节之夫，所志正相反对。彼所厌者，实圆颅方趾之人群也。若夫神皋大泽，浩博幽闲，则反为其所乐。是为厌有情世间，而不厌器世间。二者殊途，如冰与炭。彼徒知厌世之名，而不能分世为二，执厌非厌以拟释教。如彼盲人，相聚扣象，得其一体，而以为象之全形，其见嗤于明目者审矣。惟其如是，故大乘有断法执，而不尽断我执。以度脱众生之念，即我执中一事。特不执一己为我，而以众生为我。如吷息特之言曰："由单一律观之，我惟是我；由矛盾律观之，我所谓我，即彼之他，我所谓他，即他之我；由充足律观之，无所谓他，即惟是我。"此以度脱众生为念者，不执单一律中之我，而未尝尽断充足律中之我，则以随顺法性，人人自证有我，不得举依他幻有之性，而一时顿空之也。夫依他固不可执，然非随顺依他，则无趋入圆成之路。是故善见问世尊言：若有情际即是实际，云何大士以不坏实际法，安立有情于实际中？若安立有情于实际中者，则为安立实际于实际；若安立实际于实际者，则为安立自性于自性。然不应安立自性于自性。云何可说以不坏实际法，安立有情于实际中？佛言以方便善巧，故能安立有情于实际中，而有情际不异实际。《般若经·不可动品》。有情际即实际者，圆成实自性也。以方便善巧故，安立有情于实际中者，随顺依他起自性，令证圆成实自性也。顺此依他，故一切以利益众生为念，其教以证得涅槃为的。等而下之，则财施无畏施等，亦与任侠、宋、墨所为不异，乃有自舍头目脑髓以供众啖者。此义少衰，则厌器世间者，并与有情世间而亦厌。缁衣之士，惟有消极之道德，更无积极之道德可以自见。而宗密之匿李训，紫柏之忤阉党，月照之覆幕府，载在史册者，惟此三数而已。

　　问者曰：立教以惟识为宗，识之实性，即是真如，既无崇拜鬼神之法，则安得称为宗教？答曰：凡崇拜者，固人世交际所行之礼。故诸立神教者，或执多神，或执一神，必以其神为有人格，则始可以稽首归命之礼行之，其崇拜诚无可议。然其神既非实有，则崇拜为虚文尔。若以别有本体而崇拜之，本体固无人格。于彼无人格者，而行人世交际之礼，比之享爰居以九韶者，盖尤甚焉！是故识性真如，本非可以崇拜。惟一切事端之起，必先有其本师，以本师代表其事，而施以殊礼者，宗教而外，所在多有。士人之拜孔子，胥吏之拜萧何，匠人之拜鲁班，衣工之拜轩辕，彼非以求福而事之，又非如神教所崇拜者。本无其物而事之，以为吾之学术出于是人，故不得不加尊礼。此于诸崇拜中，最为清净，释教亦尔。诸崇拜释迦者，固以二千六百岁前尝有其人，应身现世，遗风绪教，流传至今，沐沿膏泽，解脱尘劳，实惟斯人之赐。于是尊仰而崇拜之，尊其为师，非尊其为鬼神。虽非鬼神，而有可以崇拜之道，故于事理皆无所碍。此亦随顺依他则然。若谈实相，则虽色身现量，具在目前，犹且不可执为实有，而况灭度之后耶？若夫偶像之应去与否，则犹未有定论。执此偶像，而以为真，则偶像不得不毁。彼摩西之力破偶像者，以彼犹太种族，执着心多，视此金人桃梗，以为有无上之灵明。于遍计所执之中，又起遍计，则其自诬实甚！故非特专信一神者，不得不禁偶像，若佛教而行于彼族，则造像亦不可行矣。若其无执着者，以为人心散乱，无所附丽，要有一物以引其庄敬震动之情，非谓即此偶像即是真实。如观优者，具见汉官威仪，与其作止进退、成败兴废，则感情之兴奋，必百倍于读书论世。然而非即以此优人为方册所载之人。东方民族，执着之心本少，虽在至愚，未有即以偶像为神灵者。在昔周庙铸金以为慎言之人，勾践命工以写朱公之像，皆由心有感慕，以此寄形，固未尝执为实事。既无执着，则随顺依他起性而为之，无不可也。彼依傍神教者，多谓宜毁偶像。虽然，相之与名，无所异也。今见神教诸师而语之曰："神即是猿"，则必有怫然怒者。究之，说神之名，非神之实，说猿之名，非猿之实。名固不足以当实，然而怫然怒者，以为名虽非实，且可以代实也。然则偶像者，是其相耳。相固非实，而亦可以代实，与名之代实何异？名之非实，庄周称为"化声"。执名为真，斥相为假，其持论岂足以自完耶？若夫沙门之破偶像者，则有矣。禅宗丹霞，尝烧木佛，此固著在耳目。而今之丛林规则，起于百丈。百丈固言："惟立法堂，不建佛殿。"则无造像之事可知也。至云门之诃佛，则非特破相，而亦破名。文偃诵经，见有佛初降世经行七步之说，书其后曰："我若看见，一棒打杀，与狗子吃！"今立教仪，不得如云门之猖狂，亦不可效天词之神怪。若百丈所建立，庶几可乎？

述此既终，则又得一疑事。或举赫尔图门之说，以为宗教不可专任僧徒，当普及白衣而后可。若是，则有宗教者，亦等于无宗教。自我观之，居士、沙门，二者不可废一。宗教虽超居物外，而必期于利益众生。若夫宰官吏人之属，为民兴利，使无失职，此沙门所不能为者。乃至医匠陶冶，方技百端，利用厚生，皆非沙门所能从事。纵令勤学五明，岂若专门之善？于此则不能无赖于居士。又况宗教盛衰，亦或因缘国事。彼印度以无政之故，而为回种所侵，其宗教亦不自保。则护法之必赖居士明矣。虽然，居士者，果足以为典型师表耶？既有室家，亦甘肉食，未有卓历清遒之行，足以示人。至高不过陈仲、管宁，至仁不过大禹、墨翟，猥鄙污辱

之事，犹不尽无，其于节行固未备也。以彼其人，而说无生之达摩，讲二空之法印，言不顾行，谁其信之？夫以洛、闽儒言，至为浅薄，而营生厚养之士，昌言理学，犹且为人鄙笑，况复高于此者？宗教之用，上契无生，下教十善，其所以驯化生民者，特其余绪。所谓尘垢秕糠，陶铸尧、舜而已。而非有至高者在，则余绪亦无由流出。今之世，非周、秦、汉、魏之世也，彼时纯朴未分，则虽以孔、老常言，亦足化民成俗。今则不然，六道轮回、地狱变相之说，犹不足以取济。非说无生，则不能去畏死心；非破我所，则不能去拜金心；非谈平等，则不能去奴隶心；非示群生皆佛，则不能去退屈心；非举三轮清净，则不能去德色心。而此数者，非随俗雅化之居士所能实践，则聒聒者谱无所益。此沙门、居士，所以不得不分职业也。借观科学诸家，凡理想最高者，多不应用；而应用者，率在其次之人。何独于宗教而不然耶？尝试论之，世间道德，率自宗教引生。彼宗教之卑者，其初虽有僧侣祭司，久则延及平民，而僧侣祭司亦自废绝。则道德普及之世，即宗教消镕之世也。于此有学者出，存其德音，去其神话，而以高尚之理想，经纬之以成学说。若中国之孔、老，希腊之琐格拉底、柏拉图辈，皆以哲学而为宗教之代起者。琐氏、柏氏之学，缘生基督，孔子、老子之学，迁为汉儒，则哲学复成宗教。至于今斯二教者，亦骎骎普及于国民矣。中国儒术，经董仲舒而成教。至今阳尊阴卑等说，犹为中国通行之俗。一自培庚、笛加尔辈，一自程、朱、陆、王诸儒，又复变易旧章，自成哲学。程、朱、陆、王，固以禅宗为其根本。而晚近独逸诸师，亦于内典有所撖拾。则继起之宗教，必释教无疑也。他时释迦正教，普及平民，非今世所能臆测。然其无上希有之言，必非常人所喻，则沙门与居士，犹不得不各自分途。赫氏所言，但及人天小教，此固可以家说户知者，然非所论于大乘。后之作者，无纳沧海于牛蹄可也。

章太炎

人无我论

　　于纵生两足之假相，而界以人之假名。何者谓之人？云何谓之人？以何因缘而有此人？精者，则有十二缘生之说；粗者，则有自然淘汰之义。皆略能明其故矣。独至一切众生，无不执持有我，而欲下一定论，以判决我之有无，则必非浅识常言所能喻。我有二种：一者，常人所指为我。自婴儿堕地，已有顺违哀乐之情，乃至一期命尽，无一刹那而不执有我见。虽善解无我者，亦随顺世俗以为言说之方便。此为俱生我执，属于依他起自性者。非熟习止观以至火尽，则此见必不能去，固非言词所能遮拨。二者，邪见所指为我，即与常人有异。寻其界说，略有三事：恒常之谓我；坚住之谓我；不可变坏之谓我。质而言之，则我者即自性之别名。此为分别我执，属于遍计所执自性者。乃当以种种比量，往覆徵诘而破之。近世惟物论者，亦能知第二我执为谬。而或以多种原质互相集合为言；或以生理单位异于物质为言。此虽能破人我，乃举其所谓自性者，以归诸他种根力，又堕法我之谬论。先师无著大士，善破我执，最为深通。然其文义奥衍，或不适于时俗。余虽寡昧，窃闻胜义。闵末俗之沈沦，悲民德之堕废，皆以我见缠缚，致斯劣果。曲明师说，杂以己意，为《人无我论》一首。

　　计我论者，以为有有情于我，命者，生者，有养育者，数取趣者，如是等谛实常住。此其为说，由寻思观察而得之，略有二因：一，先不思觉，率尔而得，有情想故；二，先已思觉，得有能作所作故，彼如是思，若无我者。方见五事，不应遽起五有我想。一，见形色已，惟应起形色想，不应起有情想；二，见领纳苦乐诸心行已，惟应起领受想，不应起胜者、劣者、各种有情之想；三，见言说名号已，惟应起言说名号想，不应起支那人、日本人、印度人等想；四，见造作染净诸业已，惟应起造作事业想，不应起愚者、智者、善人、恶人等想；五，见转识随境变迁已，惟应起心识想，不应起有我能见、有我能取等想。如上五事，皆由先不思觉，以瞬息间而起五种有情之想。由此先不思觉，率尔乍见，而起有情

121

想，故决定证知必有实我，彼又作如是思。若无我者，不应于一切心法、色法、不相应法中，先起思觉，方得有所造作。如我以眼当见诸色，正见诸色，已见诸色，或复起心，我不当见，如是等用，皆由我相为其前导。又于善业、不善业、无记业等，或当造作，或当止息，说由思觉为先，方得作用。非彼五知五作等根，能使如是；又非依于五知等根之识，能使如是；亦非意识界中心所有法，若触若作意，若受若想等位，能使如是。要必有思，始能造作种种事业。思者云何？即所谓我。是故必有实我，其理极成。今当转诘之曰"如公所说，为即于所见事起有情想耶？为异于所见事起有情想耶？若即于所见事起有情想者，公不应言即于形色等事，计有有情、计有我者是颠倒想；若异于所见事起有情想者，我有形量，不应道理。复有胜者、劣者，或有支那人、日本人、印度人等，或有愚者、智者、善人、恶人，或有能见境界、能取境界等事，不应道理。所以者何？我非形色，亦非领受，亦非名号，亦非作业，亦非心识，不应与彼五蕴和合而称为我。若不和合，所谓我者，毕竟何在？又如公等所说我想，为惟由此法自体起此想耶？为亦由余体起此想耶？若惟由此法自体起此想者，即于所见而起我想，不应说此为颠倒想；若亦由余体起此想者，是则甲等境界，反是乙等境界想之正因，不应道理。又如公意，于无情中作有情想，于有情中作无情想，于甲有情中作乙有情想，此想为起为不起耶？若起者，是则无情即是有情，有情即是无情，此甲有情即是彼乙有情，不应道理。若不起者，世间见有见石而认为虎，见绳而认为蛇者，亦有见彼决明、蜃蛤等物，而认为石子者，亦有见孔子而认为阳货者。公言此想不起，即是遮拨现量，不应道理。又如公意，此有情想，为取现量义，为取比量义耶？若取现量义者，惟形色、领受、名号、作业、心识五事，是现量得，而我非现量得，不应道理。若取比量义者，如彼婴儿未能思度，何缘率尔而起我想？又今复有欲徵诘者，世间造作事业，为以思为本因，为以我为本因？若以思为本因者，但是思作，而非我作；若以我为本因者，我既常住，不应更待思觉方能造作；若谓思在故我在，思即是我者，是则无思之时即无有我，不应道理。又如公意，造作事业之本因，为常为无常耶？若无常者，此造作事业之本因，体是变异，而言我无变异，不应道理。若是常者，即无变异，既无变异，即不得有所造作，而言有所造作，不应道理。又如公意，为有动作之我有所作耶？为无动作之我有所作耶？若有动作之我能有所作者，我既是常，动即常动，作亦常作，不应有时不作，有时而作；若无动作之我有所作者，无动作性而有所作，不应道理。

又如公意，为有因故我有所作，为无因耶？若有因者，此我应由余因策发，方有所作，是则于我之上复立一我，不应道理。若无因者，应一切时作一切事，不应道理。又如公意，此我为依自故能有所作，为依他故能有所作？若依自者，此我既常，而自作生灭、病苦、杂染等事，不应道理。若依他者，我有所依，则已失其我性，既非绝对，而能常住，不应道理。又如公意，为即于形色、领受、名号、作业、心识五蕴施说有我，为于五蕴之中施设有我？为于五蕴之外复指余处施设有我，为不属于此五蕴施设有我耶？若即于五蕴施设我者，是我与五蕴无有差别，而计有我谛实常住，不应道理。若于五蕴中者，此我为常为无常耶？若是常者，常住之我，为诸苦乐之所损益，不应道理。若无损益，而起染净诸业，不应道理。若不起染净诸业者，应此五蕴毕竟不起，又应不由功用，我常解脱；若无常者，离此五蕴之外，何处得有生住异灭、相续流转诸法，又于此灭坏后，于他处不作而得有大过失，亦不应理。若于五蕴之外，复指余处者，公所计我，应是无为，不应道理。若不属于此五蕴者，我一切时应无染污，又我与身不应相属，此不应理。又如公意，所计之我，为即见者相，为离见者相？若即见者相者，为即于见假立此见者相，为离于见别立此见者相？若即于见假立此见者相，是则见者与见，应无分别，而立我为见者，不应道理。若离于见，别立此见者相，即彼见法，为是我所造成之业，为是我所执持之器？若是我所造成之业者，假令我如种子，而见如杆茎华叶，种子既是无常，我亦应是无常；假令我如陶师，而见如专瓦瓶瓯，陶师之名本是假立，我亦应是假立，而言此我是常是实，不应道理。假令我如木人，中有机关，而见如歌舞等事，机关木人，亦是无常假立，此亦如前，不应道理。假令我如大地，而见如动植等物，大地亦有成亏灭坏，不应见为常住，又所计我，无如大地显了作业，故不应理。何以故？现见大地所作业用显了可得，谓持万物令有依止，我无是业显了可得故。假令我如虚空，而见如一切色相，彼虚空者，本非实有，惟于色相不在之处，而假立为虚空，是则见是实有，我是假立，而计我为谛实，不应道理。又彼虚空，虽是假有，然有业用分明可得，谓因有虚空故，一切万物得起往来屈伸等业，而我望于见，不能有此业用，是故以见为我所造成之业，不应道理。若是我所执持之器者，假令此见，如彼钩刀，有刈禾用，而离于钩刀之外，余物非无能断业用，今离此见，更无余物有了视用，不应道理。假令此见如彼炽火，有烧物用，现见世间诸火，虽无用火之人，而火自能烧物，以火例见，虽无用见之我，而见亦能了物，复计有我，不

应道理。若离于见，别立此见者相，则所计我相，乖一切量，不应道理。又公所计之我，为与染净相应而有染净，为不与染净相应而有染净耶？若与染净相应而有染净者，如彼湖水，有时点污，有时清洁，即彼湖水，虽无有我，而说有染净相应，如于外物，内身赤尔，虽无有我，染净义成，是故计我，不应道理。若不与染净相应，而有染净者，离染净相，我有染净，不应道理。又公所计之我，为与流转相相应而有流转止息，为不与流转相相应而有流转止息耶？若与流转相相应而有流转止息者，世间现有五种流转相可得：一曰有因，二曰可生，三曰可灭，四曰辗转相续生起，五曰有变异，如彼流水、灯焰、车轮等物，有此流转作用，而彼诸物，虽无有我，亦能流转，及能止息，何必于此假设丈夫之身，而横计有我为？若不与彼相相应而有流转止息者，则所计我无流转相。而有流转止息，不应道理。又公所计之我，为由境界所生苦乐，及彼思业烦恼诸行之所变异说，为受者作者及解脱者，为不由彼变异说为受者等耶？若由彼变异者，是即诸行是受者作者及解脱者，何须设我？设是我者，我应无常，不应道理。若不由彼变异者，我无变异，而是受者作者及解脱者，不应道理。又如公意，为惟于我说为作者，为亦于余法说为作者？若惟于我，何故根识不具，即不能作？若亦于余法，是即说根识为作者，徒分别我，不应道理。又如公意，为惟因我而建立我，为亦因余法而建立我？若惟因我，世间不应于假说丈夫之身，而立农牧工商等号；若亦因余法者，是则惟于种种行相假说有我，何须更执别有我为？何以故？诸世间人，惟于假说丈夫之身，起有情想，立有情名，及说自他有差别故。又如公意，计我之见，为善为不善耶？若是善者，何故极愚痴人，深起我见，不由方便，率尔而起，能令众生怖畏解脱，又能增长诸恶过失，不应道理。若不善者，不应说正及非颠倒，若是邪倒，所计之我体是实有，不应道理。又如公意，无我之见，为善为不善耶？若言是善，于彼常住实有我上，见无有我，而是善性非颠倒计，不应道理。若言不善，而此无我之见，要由精勤方便方能生起，宣说无我，能令众生不怖解脱，如实对治一切过恶，不应道理。又如公意，为即我性自计有我，为由我见耶？若即我性自计有我者，应一切时无无我想；若由我见者，虽无实我，由我见力故，于诸行中妄谓有我，是故定计实有我者，不应道理。如是，不觉为先而起我想故，思觉为先方有造作故，于五蕴中假施设故，由于彼相安立为有故，建立杂染及清净故，建立流转及止息故，假立受者作者解脱者故，施设有作者故，施设言说故，施设见故，计有实我，皆不应理。

如上所说，遍计所执之我，业已瓦解。虽然，人莫不有我见，此不待邪执而后得之。则所谓依他起之我者，虽是幻有，要必依于真相。譬如长虹，虽非实物，亦必依于日光水气而后见形。此日光水气是真，此虹是幻。所谓我者，亦复如是。昔人惟以五蕴为真，仍堕法执，又况五蕴各分，别自成聚，岂无一物以统辖之者？故自阿赖耶识建立以后，乃知我相所依，即此根本藏识。此识含藏万有，一切见相，皆属此识枝条，而未尝自指为我。于是与此阿赖耶识辗转为缘者，名为意根，亦名为末耶识。念念执此阿赖耶识以为自我，此不必有多证据，即以人之自杀者观之，亦可知已。夫自杀者，或以感受痛苦，迫不欲生，而其所以趋死者，亦谓欲解我之痛苦耳。假使其人执着形体以为我，则其所以救我者，乃适为自亡其我之道，此人情所必无也。然则自杀者之居心，必不以形体为我，而别有所谓我者，断可知矣！阿赖耶识之名，虽非人所尽知，而执此阿赖耶识之相即以为我者，则为人所尽有。自杀者所执之我，亦即此阿赖耶识耳。上之至于学者，希腊有斯多牙派哲学，印度有投灰坠岩各种外道，皆以自杀为极。其意亦谓我为世界所缚，以致一切举动皆不自由，故惟自杀以求解脱，然后成为完全自由之我。若执此形体为我者，则欲使我脱世界之缚，而其我亦已无存，彼辈处心，亦必不尔。明其所谓我者，亦此幻形为我之阿赖耶识而已。此方古志，本有克己复礼为仁之说。儒者优柔，故孔子专以循礼解之。推其本意，实未止此。《传》曰："克者何？能也。何能也？能杀也。"是则克己云者，谓能杀己云尔。仓颉作字，我字从手，手即古文杀字。推此，而克己之训，豁然著明。夫使执此形体以为我，礼云仁云，皆依我起，我既消灭，而何礼与仁之云云。故知其所谓我者，亦即阿赖耶识。彼虽不了此识，而未尝不知识所幻变之我。其意固云"仁者我之实性，形体虽亡，而我不亡，故仁得依之而起。此数子者，或以求解忧愁而死，或以求脱尘网而死，或以求证实性而死。自无我之说观之，则前一为痴，后二为慢。然我之不在根身，与我之不在名色，则借此可以证知。如是阿赖耶识幻作我相之义，乃人人可晓矣。难者曰：现见世间自杀之事恒少，而营生卒岁者多。毁伤一体，残破寸肌，则无不宛转顾惜者。而谓世人不执形体为我，无乃以少数蔽多数耶？答曰：知我与我所之说，则斯疑易破矣。自八识六根，以致一毛一孔，属于内界者，假说为我；自眷属衣食金钱田园，以至一切可以摄取受用之物，属于外界者，说为我所。而我与我所，又非一成不变也。若由外界以望内界，则外界为我所，而内界惟称为我；若由内界以望最内之界，则根识形体亦为我所，而惟阿赖耶识可

章太炎

称为我。除少数自杀之人，其余营生卒岁者，凡摄取受用之物，偶有损伤，犹悲悼不能自已，而况内界之根识形体乎？彼以摄取受用之我所，胶着于我而不能舍，损及我所，即无异损及于我。如人以木紧裹其身，铁椎击木，身亦随痛，此所以宛转顾惜也。人亦有言：百骸调适，忽忘我身，四肢弦缓，摄养乖方，微加针艾，即知有我。是故安闲鲜忧之日，我与我所，淆杂难分；必至自杀，而后见此阿赖耶识，幻技所成单纯之我，此无所致疑者也。难者曰：人之爱我所也，恒不如其爱我，而悲愤自杀者，多由我所被损而为之，非由我自被损而为之。又世人之于我所，亦有不爱直接于我之妙欲，而惟爱间接于我之金钱者，此又何也？答曰：此正见其爱我，非爱我所也。若我所与我绝不相附，则不成我所之名。如北极之海冰，于我何与？言我所者，则既有摄取受用矣。所摄取受用者为我所，能摄取受用者为我，能、所互纽，结不可解，久之而丧其所者，亦即自病其能。故世之悲愤自杀者，非以丧所而为之，正以病能而为之也，若夫同此我所，而其中复有疏远邻近之分。如五妙欲可直接者，则为邻近我所；如彼金钱但间接者，则为疏远我所。人何以有爱着疏远而舍弃邻近者？则亦以爱我之故。观世之悭夫，率以艰难无逸而致富厚，则不肯恣用金钱以易妙欲；若夫膏粱之子，生而多金，乘坚策肥，自快其意，则亦不欲遏绝妙欲以聚金钱。所以者何？前之得富以劳力，而后之得富则不以劳力故。但就我所言之，则金钱为疏远，妙欲为邻近；而以劳力较之妙欲，则劳力尤为邻近。妙欲自外至，为境界受；劳力自内发，为自性受。人必不以邻近易疏远，亦必不以自性易境界。故悭夫之弃彼而爱此者，非不辨我所之亲疏，正其爱我之至耳。昔魏徵论梁武帝云：夫人之大欲，在乎饮食男女，至于轩冕殿堂，非有切身之急。高祖屏除嗜欲，眷恋轩冕，得其所难，而滞于所易，可谓神有所不达，智有所不通矣。由今论之，则亦易解。梁武之于轩冕殿堂也，以劳力而得之；而其于饮食男女也，则不以劳力而得之。弃彼则如敝屣，守此则如金城。由自爱我之劳力，而不暇辨我所之邻近疏远也，奚足怪乎？非独如是，虽父母之爱其子也，亦其爱我之深，非专以子为我所而爱之也。夫人类既同情而肖貌，何以自爱其儿，甚于邻之赤子？若云少小相依，其情最昵者，此亦一增上缘。乃何以兄弟之相爱也，必不如父母之于其子，而父之于子也，又不如母之矜怜独甚者？凡诸兄弟不必以劳力而得之，父之于子，以劳力而得之，母之于子，则复以种种痛苦之劳力而得之。以其爱我之深，而我能之被于我所者，亦以是甚爱之也。母之得子也以劳力，而子之得母也非劳力。故世间之慈母恒多，而孝子恒少者，亦以是故。然则能证无我，而世间始有平等之大兹矣。

若如上说，我为幻有，而阿赖耶识为真。即此阿赖耶识，亦名为如来藏。特以清净杂染之分，异其名相。据实言之，正犹金与指环，两无差别，而又不可与世俗言灵魂者，并为一谈。灵魂为东西所共许，原其本义，特蠢尔呼吸之名。婆罗门之阿德门，亦即指此。其与阿赖耶识之异相，亦近人所能言。至阿赖识为情界、器界之本，非局限于一人，后由末那执着，乃成我相。而灵魂乃个人所独有，此其分齐绝殊，不得无辨。若阿赖耶识局在体中，则虽以百千妙语，成立无我，不过言词之异同，而实已暗认有我矣。若夫释尊既立无我，而又成立轮回。近世黎斯迭韦氏以为二者互触，故不得不说羯磨缘生以为调和之术。姊崎正治亦宗其说，此实浅于解义者。无我之与轮回，非特不互相抵触，而适足以相成。所以者何？恒常之谓我，坚住之谓我，不可变坏之谓我。若其有我，则必不流转以就轮回。故涅槃之说，惟佛有常乐我净。正惟无我，乃轮回于六趣耳。若不解我之名义，非特无我与轮回相触，即无我与羯磨，亦不得不云自相违戾。所以者何？一切行业，由我而起，我既实无，彼羯磨亦何所依止。纵说十二缘生，而与所缘相对者，不可无此能缘。如猨狙缘树，蜗牛缘壁，树与壁者，为其所缘，然不得无猨狙、蜗牛为其能缘之体。若无我者，则缘生亦不可成。虽说因果，而果待于因，因复待因，辗转相推，亦有无穷之过。惟知内典所遮之我，与寻常言我有殊，然后知无我者，即轮回之正因，初不待建立余法，以补苴其缺也。若依他起之我，则为常人所共喻者，我非妙有，故不同于圆成，我非断无，故不同于遍计。遍计所执之我，本是绝无，与空华石女儿同例。依他起之我，则非无量方便，不能摧其种子。无性论师《摄论释》曰：于此正法中信解无我者，虽恒厌逆分别我见，然有俱生我见随缚，此于何处，谓彼但于阿赖耶识率尔闻声，便执内我，惊畏生故。由此证知，俱生我见亦有次第增长：一者我相；二者我名；三者后起氏族名字代表我者。而氏族名字既起于我相我名上，复生一增益执。如有人名徐长卿，若于梦中闻呼徐长卿声，即易惊觉，非闻呼王不留行声，而易惊觉。若于觉时，闻说徐长卿声，即易审谛，非闻说王不留行声，而易审谛。然试取此徐长卿字一一剖析，于字体中，于音声中，于义理中，何处有我？何处得与我相相应？又试取彼王不留行字剖析如前，何处有他人之我？何处得与他人之我相相应？然而惊觉审谛，彼此有殊，虽仲尼、墨翟辈倡说无我，于此犹与常人不异。则知依他起之我，其难破为最甚矣。必依他起之我相，断灭无余，而圆成实自性赫然显现。

当尔所时，始可说有无我之我。先师尝著此说于《显扬论·成空品》云：空性无有二相，一非有相，二我无故。人我，法我。二非无相，二无我有故。何以故？此二我无，即是二无我有；此二无我有，即是二我无故。案自来执着有无者，不出四句：一有句，二无句，三非有非无句，四亦有亦无句。惟此能远离四过。其句云何？曰无而有。

余前作《建立宗教论》，内地同志或谓佛书梵语，暗昧难解，不甚适于众生。余复自检，梵语译音之字，大略无几。若阿赖耶之为藏，末那之为染污，奢摩他之为止，此略读书者所共晓，故下笔亦多随意，其余固汉语耳。古德译义，或有参差，悉以奘公为正。法相宗名词深细，固非人人尽晓，有时亦或加注。其可以通俗语相代者，随分增移，颇自矜慎。窃以报章之作，普示国民，震旦虽衰，硕学肤敏之士，犹不遽绝。一二名词，岂遂为其障碍？若欲取谐时俗，则非独内典为然，即他书亦多难解者。苟取便宜，失其本义，所不为也。如日本村上专精欲改因明之喻体、喻依，为理喻、事喻，较诸原文，殊易了解。不知喻体本非是喻，今以理喻为名，翩其反矣。至所以提倡佛学者，则自有说。民德衰颓，于今为甚，姬，孔遗言，无复挽回之力，即理学亦不足以持世。且学说日新，智慧增长，而主张竞争者，流入害为正法论，主张功利者，流入顺世外道论。恶慧既深，道德日败。矫弊者，乃憬然于宗教之不可泯绝。而崇拜天神，既近卑鄙；皈依净土，亦非丈夫干志之事。《十住毗婆沙论》即言之。至欲步趋东土，使比丘纳妇食肉，戒行既亡，尚何足为轨范乎？自非法相之理，华严之行，必不能制恶见而清污俗。若夫《春秋》遗训，颜、戴绪言，于社会制裁则有力，以言道德，则才足以相辅。使无大乘以为维纲，则《春秋》亦《摩奴法典》，颜、戴亦顺世外道也。拳拳之心，独在此耳！至如谭氏《仁学》之说，拉杂失伦，有同梦呓，则非所敢闻矣。

章太炎

五 无 论

今之人不敢为遁天之民，随顺有边，则不得不有国家，亦不得不有政府。国家与政府，其界域固狭隘，故推其原以得民族主义，其界域亦狭隘。以民族主义为狭隘而不适于国家者，斯谓有法，自相相违，不成比量。如三支法，彼先立一量云：民族主义是狭隘见，于无界中强分界故。喻如宗法思想，此亦可立一量云：国家主义是狭隘见，于无界中强分界故。喻如村落思想，两因两后陈皆同，则前者所以破敌，亦即所以自破。若作三段法亦得。夫于恒沙世界之中而有地球，无过太仓之有稊米。今于其间分割疆域，葆为己有，而命之曰国家；复于其间建设机关，区分等级，而命之曰政府。则蛮氏触氏之争，不足喻也。其所守本狭隘，惟相应于狭隘之民族主义而为之。诚欲广大，固不当分种族，亦宁得分国家。民族主义随感情而有，国家主义宁非随感情而有。以彼为固葆此者欲何为耶？嗟乎！莽漾平原，人其域而视之，始见土地，次见人民，乌睹所谓国家者？国家者，如机关木人，有作用而无自性。如蛇毛马角，有名言而非实存。究其成此虚幻妄想者，非民族之为而谁为乎？易族既非所争，卖国亦应无责，而劳心以控抟此国家何为者？将其藉兹遣日，如毁瓦画墁者所为耶？若曰国家者所以利一群，则与利一族也何异？同此芥子牛迹之微，而二者何以相难？是故随顺有边，既执着国家矣，则亦不得不执着民族主义。然而其中有广大者。吾曹所执，非封于汉族而已。其他之弱民族，有被征服于他之强民族，而盗窃其政柄，奴虏其人民者，苟有余力，必当一匡而恢复之。呜呼！印度、缅甸灭于英，越南灭于法，辩慧慈良之种，埽地尽矣！故吾族也，则当返；非吾族也，孰有圣哲旧邦而忍使其遗民陷为台隶？欲圆满民族主义者，则当推我赤心救彼同病，令得处于完全独立之地。有效巨憝麦坚尼之术，假为援手，藉以开疆者，著之法律，有诛无赦。然则爱无差等，施由亲始，墨者之道然也。若夫民族必有国家，国家必有政府，而共和政体于祸害为差轻，固不得已而取之矣。爵位废而兼并行，其乱政又无以异于美利坚氏。于是当置四法以节制之：一曰，均配土田，使耕者不为佃奴；二曰，官立工场，使庸人得分赢利；三曰，限制相续，使富厚不传子孙；四曰，公散议员，凡议员有贪污事，平民得解

129

散之。议院本由民间选举，自当还付民间解散。然诸政法得失，问罪于政府可也。至于议员受贿，则罪有专属矣。使政党不敢纳贿。斯四者行，则豪民庶几日微，而编户齐人得以平等，亦不得已而取之矣。无是四者，勿论君民立宪，皆不如专制之为愈。所以者何？议院者，受贿之奸府；富民者，盗国之渠魁。专制之国无议院，无议院则富人贫人相等夷。及设议院，而选充议士者，大抵出于豪家。名为代表人民，其实依附政党，与官吏相朋比，挟持门户之见，则所计不在民生利病，惟便于私党之为。故议院者，国家所以诱惑愚民，而钳制其口者也。且议士既出于豪家，则与捐纳得官无异，其志固为利而已。官吏受贿，议院得弹劾而去之；议院受贿，谁弹劾而去之？一议士受贿，他议士得弹劾而去之；尽议院皆受贿，谁弹劾而去之？近观日本郡制废止一案，议院得赇，明见踪迹者七人，而其他三百余员皆有隐昧受赇之事。见《黑龙杂志》。日本立国，非专以重商拜金为务。且议院之设，才二十年，其腐败已如是。然则有议院而无平民鞭棰于后，得实行其解散废黜之权，则设议院者，不过分官吏之赃以与豪民而已。返观专制之国，犹无斯紊乱也。案世人常语，谓多一监察者，即多一受贿者。今议院所以监督官吏，乃适便其受贿之私，斯言犹信。专制之国，商人无明与国家分权之事，及异于专制者则不然。夫钱刀金币，实使民扰攘之阶。然黄金、白金、赤金三品，视之有光，击之有声，取之甚艰，藏之不朽，其质性诚有可宝者。因其可宝而以为币，犹良之公心也。及夫径寸赫蹄，与故纸初非有异，而足以当百金，则政府所以愚弄其民者至矣。犹不知止，使牙侩设银行者，得公为之，而常民顾不得造。是则牙侩之权，得与政府相等，其与齐民非有天泽之分乎？返观专制之国，钱币一出于国家，然民间犹得以碎银贸易；至于楮币，则国家尚鲜为之，况于牙侩？今上海中国银行亦许自造楮币，斯实揣摩欧化，非其本有。是故有共和政体，而不分散财权，防制议士，则犹不如专制政体之为善也。虽然，是四制者，特初级苟偷之法，足以补苴衅隙而已。欲求尽善，必当高蹈太虚，然非有共和伪政，及其所属四制以为之基，宁有翔蹴虚无之道，随顺有边，期以百年，然后递见五无之制。

　　五无者，超过民族主义者也。云何五无？一曰：无政府。凡兹种族相争，皆以有政府使其隔阂，假令政权堕尽，则犬马异类，人犹驯狎而优容之，何有于人类？抑非专泯种族之争而已。有钱币在，则争夺生而阶级起。于是以共产为生，则贸易可断，而钱币必沈诸大壑矣。有军器在，则人将藉是以为杀掠之资。于是熔解铳炮，椎毁刀剑，虽未足以绝争心，而争具则自此失矣。其他牝牡相交，父子相系，是虽人道之常，然有所昵爱则妒生，有所摄受则争起。于是夫妇居室、亲族相依之事，必一切废绝之。使人民交相涉入，则庶或无所间介矣。凡此诸制，皆所以平人民嫉妒之心，而非以为幸福。幸福本无，惟少害故。二曰：无聚落。政府之成立，本以争战为其始原。争战不绝，则政府不可以一日废。是故政府者，非专为理民而设，实与他国之政府相待而设。他国有政府在，即一国之政府不得独无。今日无政府，固必与他政府同时俱尽。国界之当先破，语言文字之当先统一者，斯尽人所知也。国界虽破，而聚落犹未破，则惨烈之战争未已。何也？人类本平等，而所依之地本不平等；人类之财产可以相共而容，而地方之面积不能相共而容。夫共产者，以为自喻适志矣。然地有温润寒苦之不同，处寒苦者尽力经营，以化其地为膏腴，孰与攘夺膏腴之便？况气候之燥润惨舒，其难齐有百倍于地质者。自古温润之国，率为苦寒人所兼并，顾温润国则未有蚕食苦寒国者。无他，苦寒国人视温润国为乐土，驱于欲望，则不惮断脰摩顶以争之。悦以使民，民忘其死。温润国人于苦寒地，素无欣羡之心，则其不能兼并也亦宜。夫两地皆有政府，而苦寒必胜温润者，知其胜非政府所成，乃自然界所役使矣。今观欧洲诸国，侵略印度以南之地，其始岂假藉帝力、挥其天戈耶？一二农商，规利远涉，招集亡命，挟捕兽之器以杀人，而其地遂为所据有。斯与政府何与？及其殖民既就，上之政府，以著领土之名，无旧无新，悉为一国矣。而旧土民之厚利，犹为征服者恣意侵渔，讨伐生蕃，逞情残杀，斯于国界何与？是故政府与国界破，而犹有聚落之存，则温润地人必为苦寒地人所杀掠。近则如白人之侵略南方，远则如原人之覆灭他族，可决知也。夫俄人所以敢言无政府者，何也？地素苦寒，有己国人之侵食他方，而不虑他方人之侵食己国。法人所以敢言无政府者，何也？土虽膏腴，面积非甚广大，有狭乡人之侵略他温润地，而不虑他温润地人之侵略狭乡。故实践之而无所惧。若泰东诸国则不然，中原、辽沈、日本、朝鲜，虽与俄国同时无政府，东亚之民犹为俄人所蹂躏也。滇、桂、闽、广、越南、暹罗，虽与法国同时无政府，南海之民犹为法人所侵掠也。是何也？既依聚落地着而居，则气候之相较有温寒，面积之相较有广狭，非法制契约所能平也。夫无政府者，以为自由平等之至耳。然始创自由平等于己国之人，即实施最不自由平等于他国之人。在有政府界中言之，今法人之于越南，生则有税，死则有税，乞食有税，清厕有税；毁谤者杀，越境者杀，集会者杀，其酷虐为旷古所未有。此法兰西，非始创自由平等之法兰西耶？在有政府界中，法人能行其自由平等者于域内，而反行其最不自由平等者于越南。

以此相推，虽至无政府时，犹渔猎他人可知已。或者以为语言文字有殊，迭相视为异种，故无含容包覆之心，既统一则无斯虑。夫以利相争，虽兄弟至亲，犹有操戈之衅，况故为路人耶？今人震矜无政府说，以为典型。然纵令政府尽亡，国界尽破，而因仍固有之聚落以相什伍者，犹未化熔，合旅相争，其势仍不能已。则效其术者，正为创其说者所鱼肉耳。是故欲无政府，必无聚落。农为游农，工为游工，女为游女。苦寒地人与温润地人，每岁爱土易室而居，迭相迁移，庶不以执着而生陵夺。斯则无政府者，必与无聚落说同时践行也。三曰：无人类。世人以政府为众恶之源，国家为群污之府，宁不谓尔？虽然，政府云，国家云，固无自性。此政府与国家者，谁实成之？必曰，人实成之。夫自人成之，自人废之，斯固非绝特可惊之事。而成之之根不断，有其废之，终必有成之者。不然，则原人本无政府国家之累，何以渐相垛积以有今日之穰穰者也？且人之相争，非止饮食牝牡之事；人之争具，宁独火器刚铁之伦。睚眦小忿，则憎怨随之；白刃未获，则拳力先之。纵大地悉无政府聚落，销兵共产之制得以实行，而相杀毁伤，犹不能绝其愈于有政府者。昔鲍生有言曰："细民之争，不过小小匹夫校力，亦何所至。势不能以合徒众，威不足以驱异人。孰与王赫斯怒，陈师鞠旅？推无仇之民，攻无罪之国，僵尸则动以万计，流血则漂橹丹野。"案鲍生好老、庄之书，治剧辩之言，以为古者无君胜于今世，与抱朴子相难。中国言无政府者，前有庄子，后有鲍生，为其最著。语见《抱朴子·诘鲍》篇。若是，而已使人类返于犬豕，不使人类进于修罗，其术虽善，而犹非圆满无缺之方。是故一二大士超人者出，诲之以断人道而绝其孳乳，教之以证无我而尽其缘生。被化虽少，行术虽迂，辗转相熏，必有度尽之日，终不少留斯以蠢自祸祸他也。四曰：无众生。自毛奈伦极微之物，更互相生，以至人类，名为进化，其实则一流转真如。要使一物尚存，则人类必不能断绝。新生之种，渐为原人，久更浸淫，而今之社会、今之国家又且复见。是故大士不仕，涅槃常生，三恶道中，教化诸趣，令证无生，而断后有，此则与无人类说同时践行者也。五曰：无世界。世界本无，不待消灭而始为无。今之有器世间，为众生依止之所本，由众生眼翳见病所成，都非实有。六十四种原质，析至邻虚，终无不可复析之量。既可复析，即不得强立原子之名。若云原子本无方分，互相抵触而后见形者。既无方分，便合浑沦为一，何有互相抵触之事？故知原子云者，徒为妄语。其他或立伊太，或立伊奈庐鸡，斯皆超出经验之外，但有假名。要之，空间尚无，岂彼空间所容受者，而可信其为有？然现见此器世间，宛尔存在，则以众同分业，错乱其明故。是则众生既尽，世界必无豪毛圭撮之存。譬若病眼者死，而眼中所见之空华与之俱死。虽然，此未可为常人道也。常人所信，惟有覆谤而已。世界初成，溟濛一气，液质固形，皆如烟聚。佛谓之金藏云，康德谓之星云，今人谓之瓦斯气，儒者则以太素目之。尔后渐渐凝成，体若熟乳，久之坚硬，则地球于是定位，次是乃有众生滋长。而有机物之最始，果自无机物出乎？则生物学家所不能断定者。若如覆谤世界不亡，仍有产出群生之日。是故众生悉证法空，而世界为之消弭，斯为最后圆满之期也。此五无者，非能于一时成就。最先二无，同时成就，为一期；其次二无，渐递成就，为一期；最后一无，毕竟成就，为一期。前二次二，其时期亦有互相错杂者，以非普遍，故不得以成就为言。若自明者观之，序次秩然，推行不乱，孰后孰急，若指果于掌中。然而俗昧远理，憎滞近教，事之常也。今之在宗教者，以盛衰强弱为素定，徒执因缘，不知以增上缘辅其为治。又乃情存讠匋曲，以强有力者为获法之宗，抑盛辅微，耳不欲听。顾沾沾焉以慈善事业资助穷民，适为豪强者保其令闻长世。其有贤者，甘趋寂灭，而万善方便之法不行，所谓财施无畏，施者竟安在耶？若夫俶傥愍世之材，以无政府为至极矣。坚信性善之说，则谓利用厚生，与夫男女隐曲之事，果无少缺，虽无法律而不为非。不悟人心好事，根于我见，我见不除，虽率尔掩目相视，犹有并命同尽之心，岂专由利害得丧而已。以无政府主义中道自画，而不精勤以求其破碎净尽者，此亦乏于远见者也。佛说郁单越洲，人无妻妾、田宅、车马、财物、资具诸摄受，清宁耆寿，殊胜三洲。而佛亦不于是洲出世，此其事岂非明验于今耶？

何以云性善之说，不可坚信，人心好争，根于我见耶？答曰：人之本性，所谓藏识无善无恶者，勿论也。而末那意根，虽无记而有覆，常执藏识以为自我，以执我之见见于意识，而善恶之念生。人心固非无善，亦非不好善。如孟子、路索、索宾霍尔，皆以恻隐之心立极，诚非夸诞。然如希腊学者，括人心之所好，而立真、善、美三，斯实至陋之论！人皆着我，则皆以为我胜于他。而好胜之念见之为争，非独人尔，一切动物皆然。若鸡者，若鹌鹑者，若蛙与虾蟆者，若蟋蟀者，多以无事相争，而不必尽为利害得丧之事。索宾霍尔立意志世界之说，谓意志常自相竞。证以蚁子下指甲而断之，蚁子既死，其身与首犹相斗，此岂为利害得丧而然乎？婴儿始能言时，两不逊则举手相扑，及至壮夫，亦有以嘲骂瞬视之微，而怀怨以终其世者。杯酒失意，白刃相仇，盖前世所常睹。此又岂为利害得丧之事也？然世多以利害得丧而生竞者，以好胜是其天性。

涉于利害得丧之事，则发之愈烈耳。宁得谓人之相杀者，止于生存竞争、牝牡竞争而已乎？今使人无私藏，亦无家室，其为财产妃色而生争者，固少息矣。然斯之社会，在兽类固有之，兽类无一夫一妇之事，两性相逐，天下为公，而以字尾之故，相噬啮者犹众，何独于人类而能外是？兽类言语既简少，惟以声气呼召排摈，而峭刻之调讥无有焉，其知耻之心亦寡，故无以言语而起竞争之事。人则不然，有喙三尺，其利甚于刀矛，报之者亦率以刀矛从事。乱之生也，则言语以为阶。萧同房中之一笑，嵇康锻灶之两言，其祸至于丧师断首。此犹曰报之者有势藉也。纵无势藉，一身之股肱固在，凡彼勇夫，不忍恶声以至相死者，多矣。然未至于甚溃裂者，何也？有法律以闲之，有利欲以掣之也。人情莫不怀生而恶死，非饥寒交迫，铤而走险者，严刑在侧，常有以挫其好胜之心。亦或遁逃法外，而令名既损，民所不与。攻难剽暴之徒，与社会既不相入，则无穷之希望自此而终。此所以惮于猝发也。然以二者相衡，则法律之征戒，其力微，而利欲之希望，其力厚。今无政府，法律有无且勿论，共产同内，则一身无利之可损，亦无利之可增也。希望既绝，伪道德以此廓清，而好胜之良能，将于是轩豁呈露。盖处今时之社会者，非无好胜之心也，而常为利欲所制。故近世欲作民气者，在损其好利之心，使人人自尊，则始可以勇猛无畏。及无政府主义成就以后，其所患又在彼不在此。或者以为今时风气翦戾，好杀者已居少数。他时政府虽亡，而习惯犹因仍不没，无患其遽裂者。吾则以为不然。今之习惯，非能使天性迁移，特强制之使不发耳。谁无瞋心，谁不屠杀有情以供餐食。是好杀之习惯由性成，而不杀之习惯为强制也。藩篱既彻，则向之弹力复生。纵有力能强制者，必其尝处今之社会，而后处无政府之时代者耳。再世以往，其子孙不见今之社会，安有不杀之习惯哉？或者以为恻隐之心，人所素有，虽其好胜，必能强自制裁。吾又以为不然。恻隐之心，孟轲举孺子入井为例，此最为密切者。人之所怜，在彼弱小于我，而所憎在其敌对于我。即彼恻隐心者，亦与好胜心同一根柢。虽甚凶戾，无不怜弱者；虽甚仁慈，无不憎怨家。观夫任侠之居心，即可见矣。上世人兽争战之时，常杀其长者而豢其稚者；其次部落争战之时，常屠其丁壮而遗其妇女弱儿。此宁有政令发徵期会哉！诛其强者，本乎好胜心；全其弱者，本乎恻隐心，人之良能然也。纵令人人不傲不告，不侮鳏寡，而体力智勇与我相若者，一有小忿，常存必杀之心，此必不能去者也。或者以为无政府时，既无争具，虽欲相杀，而有不可得者，吾又以为不然。人之异于禽兽者，在其体力有差。世固有力能扛鼎，亦有不举一雏者。此则强弱相形，或足以动其哀怜之念。至乎常人相视，力有余而形不逮，亦数有之。攘臂相争，犹足断命，况于长竿白梃，犹有可藉乎？且夫兵器虽销，而资生金铁，犹不可废。农夫发地，则必有犁锄矣；庖人割菹，则必有刀匕矣；大匠伐木，则必有斧斤矣；女红制帛，则必有鬻刀矣。举此数者，无不可资为杀人之具，安在其赤手无藉也？虽然，必谓人将相杀，当以法律治之，而愿政府之存者，是则甚谬。原政府之初设也，本非以法律卫民而成，乃以争地劫人而成。今者法令滋章，其所庇仍在强者。贫民以为盗受诛，宁止亿兆？其或逻候森严不得恣意，则转死于煤坑中耳。至于帝国主义，则寝食不忘者，常在劫杀。虽磨牙吮血，赤地千里，而以为义所当然。夫窃钩者诛，窃国者为诸侯，此庄生所为愤嫉。今无政府，虽不免于自相贼杀，必不能如有政府之多。且平人相残，视其膂力，非夫以强陵弱、以众暴寡者之可悲也。昔鲍生有言曰："使夫桀纣之徒得燔人，辜谏者，脯诸侯，菹方伯，剖人心，破人胫，穷骄淫之恶，用炮烙之虐。若令斯人并为匹夫，性虽凶奢，安得施之？使彼肆酷恣欲，屠割天下，由于为君，故得纵意也。"综观今世所谓文明之国，其屠戮异洲异色种人，盖有甚于桀、纣。桀、纣惟一人，而今则合吏民以为之；桀、纣无美名，而今则借学术以文之。独一桀、纣，犹不如去之为愈，况合群策群力以为桀、纣矣。夫斗殴杀人者，其心戆；计谋杀人者，其恶深；独力杀人者，其害微；聚众杀人者，其祸剧。今政府固尽知此，法律所治，轻重有殊焉。而政府自体，乃适为计谋、聚众以杀人者，则乌得不舍此之重而就彼之轻耶？古之言性恶者，莫如荀卿，其见非不卓绝，犹云当以礼法治之。荀卿之时，所见不出禹域，七雄相争，民如草芥，然尚不如近世帝国主义之甚。随俗雅化，以建设政府为当然，而自语相违实甚。何者？既知人性之恶，彼政府者亦犹人耳，其性宁独不恶耶？检以礼法，而礼法者又恶人所制也。就云礼法非恶，然不可刻木为吏，则把持礼法者，犹是恶人。以恶人治恶人，譬则使虎理熊，令枭将獍。熊与獍之恶未改，而适为虎与枭傅其爪牙。然则正以性恶之故，不得不废政府。庄生云："唇竭则齿寒，鲁酒薄而邯郸围，圣人生而大盗起。"纵令有新政府者出，能尽反近世文明政府所为，而其幅员不能遍于大地。且机关既设，众慝日滋，终足以为大盗之藉。故余以设新政府者为无政府之阶，而永世守之，则不可。无政府者，虽有平人相杀，其酷犹愈于有政府，终当使其趋于寂灭，而以为圆

满，则不可。

所谓无人类、无众生、无世界者，说虽繁多，而无人类为最要。以观无我为本因，以断交接为方便，此消灭人类之方也。然世人多云：天地之大德曰生，阴阳匹偶，根性所同，不应背天德而违人道。嗟乎！人在天地，若物之寄于康瓠耳。器非同类，则无德之可感；体无知识，则何物之能生？且原始要终，有生者未有不死。既云天地之大德曰生，何独不云天地之大德曰死乎？天地不仁，以万物为刍狗，乃老子已知之矣。夫名色五阴，是为苦聚。人生三苦：一依内苦，二依外苦，三依天苦。此则《金七十论》师犹明其义。而近世学者亦云：苦为积极，乐为消极。其说近《成实论·问受品》云：又种种乐，少苦能胜，如人具足受五欲时，蚊蚋所侵，则生苦觉。又如存百子乐，不如丧一子苦。夫尽世间之上妙乐具，无益于我秋毫，而只足以填苦壑，则人生之为苦聚可知。故世亲《百论释》云：福有二相，能与乐，能与苦。如杂毒饭，食时美欲消时苦，福亦如是。复次，有福报是乐因，多受则苦因。譬如近火止寒则乐，转近烧身则苦。是故福二相，二相故无常，是以应舍。然则若苦若乐，终之为苦一也。本未生时，非有苦乐可受而生者，忽以苦府锢之。使人果天地所生，则对之方为大怨，而何大德之有焉？或窃海格尔说，有无成义，以为宇宙之目的在成，故惟合其目者为是。夫使宇宙而无所知，则本无目的也；使宇宙而有所知，以是轻利安稳之身，而傒焉生成万物以自蠹。譬诸甘食不休，终生蛲蚘之害，其卒必且自悔，或思得芫华巴豆以下之矣。然则宇宙目的，或正在自悔其成，何成之可乐？调御丈夫，当为宇宙之忏悔者，不当为宇宙所漂流者。且人之在斯世也，若局形气以为言，清净染污，从吾志耳。安用效忠孝于宇宙目的为？若外形气以为言，宇宙尚无，何有目的？世之论者，执着有生，而其终果于行杀，曷若生杀两尽之为愈也？至其所谓人道者，不知以宇宙目的为准耶？抑以人类天性为准耶？若以宇宙目的为准者，已如前驳；若以人类天性为准者，人之天性不能无淫，犹其天性不能无杀。以淫为人道不可断者，何不以杀为人道而不可断乎？何以知其然也？人之情性可见者，莫如诗；其次莫如小说、神话。中国之《诗》，风以道淫，雅、颂以道杀。而言淫者，以窈窕好逑文之；言杀者，以神武耆定文之。屈原、相如之作，哀则言思美人，见佚女；壮则言诛风伯，刑雨师。虽一往寓言，若非淫杀则不足以为美者。乃如常行小说，非以恋爱表淫，即以侦探表杀，此为中外所同。至于神话，希腊、印度皆立男女二神。而急风骤雨，则群指为天神战斗之事。以及刑天干位，修罗争帝，天魔诱人，波旬娆佛，凡诸杀事，神话中往往有之。而湿婆苇纽之教，则公言淫；天方之教，则公言杀。故知淫云杀云，皆人之根性也。若人性果不好杀者，何以勇果刚毅等名，至今不为恶词，而以之为美德？观其所美，则人性大可见矣。善乎！太史公曰：自含血戴角之兽，见犯则校，而况于人怀好恶喜怒之气，喜则爱心生，怒则毒螫加，情性之理也。小亚细亚学者海逻克梨提之言曰：争者群生之父，万物之王，一日息其争战，则宇宙将自灭亡。其言虽悖，而适合于事情。万物无我见则不生，无我见则不杀。生与我见俱来，而杀亦随之。非直此也，芸芸万类，本一心耳。因迷见异，以其我见自封，而无形之外延，因以张其抵力，则始凝成个体以生。是故杀机在前，生理在后。若究竟无杀心者，即无能生之道。此义云何？证以有形之物，皆自卫而御他，同一方分，不占两物，微尘野马，互不相容。虽以无形之分别心，一刹那间，亦不容俱起两念。斯皆排摈异类，互相贼杀之徵。一切法我人我法尔，以杀为生，无杀则三界自然绝纽。以是推观，则人为万物之元恶，断可知矣！今据天性以为准，而云淫为人道，则杀亦独非人道耶？夫妇公有，既纵淫矣；法律废弛，既听杀矣。所以为此者，岂以纵淫、听杀为当然？谓如是而后合群，相杀者可以衰止，较诸有政府时为犹愈尔。夫所恶者杀也，而杀根终不可断；欲断杀者，不得先断我见；而我见断则生亦断，安可以男女匹偶为当行哉？问曰：若生当断，曷若杀之之为愈？且既以人为元恶，则杀之也何害？答曰：断生者，谓断后有之生，非断现有之生。若现有之生可断，斯即杀矣；而不断杀者，即亦不能断生。何以故？能杀所杀，我见皆未尽故。且人为万物之元恶，是则然矣。子元恶也，我元恶也，均之元恶，而二者何以相治？若欲听命于摩醯首罗、大梵帝释、耶和瓦等，彼实虚无，不可信其为有；纵令有之，既有生矣，则是与尔我同为元恶也；同为元恶，既亦弗能相治。言无人类者，不欲以是人杀他人，犹之言无政府者，不欲以是政府灭他政府。非直不欲，且痛恶之。所以者何？为恶杀故，为平等故。是故断生之道，任人自为，而不得以行杀为断生矣。问曰：人之有淫，有政府时且不能以法律断之，况无政府而可以是强遮人之情欲耶？答曰：断淫者，固任人为之，非他人所能强制。惟然，故辗转相熏，其收效至为阔远。若可以强制者，不过六七十年而大地可无噍类，安得此径易事也？人之不可强制者，非独淫乐，虽杀亦不可强遮也。真遮杀者，不仅于动物遮之，虽至草木苔藓之微，所谓种子邨、有情邨者，

犹不得有意毁坏。邨者，是依止止义。种子邨，即果核等为种子所依止；有情邨，即丛草等为蚊蚋所依止。微菌湿生，则有青衣白醱之属，欲去之者，惟得起洁净心，不得起损害心，斯岂尽人能然者？惟以同志自为契约，而辗转及于他人，斯有度尽之日已。问曰：若淫杀皆为天性者，何以人皆恶杀？若淫杀皆可厌恶者，何故于淫则习而忘之，顾反以为人伦之始？答曰：人若不恶淫者，纳采问名，既公布婚姻之礼，何以夫妇隐曲，当在屏蔽之中，不如犬豕之遵大路？而又先知蔽前，继知蔽后，露生支而行者，则人人举以为羞。下至麋鹿狸狌，牝牡相逐，则牝者犹遁逃不暇，岂非交会之情，虽禽豸亦知隐避乎？近人说尤谬者，以为交会无关廉耻，若生支出于面颊，则与衔吻等耳。不知根器所依，心念即缘之而起，不得假设迁移之想。若如彼说，胡不曰，使谷道与口同处，则便秽亦不知其臭乎？或又谓：卫藏风俗，常使老妪教男女行淫之法，未尝屏蔽。故知屏蔽者，乃习惯使色，非本性也。然斯巴达人之俗，以善窃盗为美谈。若如彼说，胡不曰，自讳言窃盗者，亦习惯使然，非人之本性乎？人有偶为狂语，虽于利害无关者，乍被发觉，无不怩然见色，彼淫者亦其比尔。而人之于杀，顾有悍然矜伐其能者。上者铭之钟石，著之史书，虽穷而在下者，亦因是得称为好汉。法律只足以制其行事，然人心尊崇之念，虽严刑莫能遮。谁谓恶杀不恶淫耶？故就好美好胜之心以言，则淫杀皆人所好矣；格以好善之心，而淫杀又皆为人所恶矣。要之，性中种子，本以真如无明，更互相熏。由无明熏真如，而天性有好淫好杀之心；由真如熏无明，丽天性亦有恶淫恶杀之心。两者具存，在人所自择耳。何曰：生物进化，未有尽期。今之人虽多贼杀，千百世后，或为道德纯备之人，何必以灭绝人类为志也？答曰：望进化者，其迷与求神仙无异。今自微生以至人类，进化惟在智识，而道德乃日见其反。张进化愈甚，好胜之心愈甚，而杀亦愈甚。纵令进化至千百世后，知识慧了，或倍蓰于今人，而杀心方日见其炽。所以者何？我见愈盛故。吾友北辉次郎，尝期化学日精，则人人可以矿物和为饮食，而动植皆可恣其自生。乃至便利道断，交会路绝，则人与天神无二。夫矿物供餐之说，容有其期，而杀心终不以饮食有余而止，此前所已言者。若夫断便利，绝交会，则与辟谷还丹相似。大药既成，人腹不腐，神仙之说固然。而我见不亡，淫根必无自断之道。老子云："吾所以有大患，以有身故。"法与之貌，识与之形，五作根既开洞穴而发枝茎，则非掉动以遂所欲不已。故曰："有欲以观其徼。"徼之不亡，而求其自然无欲，乌可得哉？纵令证得四空，形质已销，我见犹未伏灭，因缘外界，其种得以更生。故余以为我见在者，有润生则淫必不可除，有好胜则杀必不可灭。夫耽于进化者，犹见沐浴为清凉，而欲沈于溟海。所愿与卓挙独行之士，勤学无生，期于人类众生，世界一切，销熔而止，毋沾沾焉以进化为可欣矣。呜呼！人生之智无涯，而事为空间时间所限。今日欲飞跃以至五无，未可得也。还以随顺有边为初阶，所谓跛驴之行。夫欲不为跛驴而不得者，此人类所以愈可哀也！

章太炎

致曹聚仁

诗之有韵，古今无所变，惟周颂有数首似无韵者，则以古诗用韵，错综无定，其排列不尽同今人，以孔氏诗声类法求之，仍非无韵也。来书于仆所论，（案所论大旨见坊间刊行《国学概论》中）只问形式，不论精神。夫文词之体甚多，而形式各异，非求之形式，则彼此无以为辨，形式已定，乃问其精神耳，非能脱然于形式外也。仆所谓形式者，亦只以有韵无韵为界，若夫属句长短不齐，则乐府已然，所不论已。

来书言女子不著裙，不失为女子；诗无韵也不失为诗，所引非其例。女子自然之物，不以著裙得名，诗乃人造之物，正以有韵得名，不可相喻。来书又于《百家姓》等虽有韵，不得为诗，不知以狭义言，诗之名则限于古今体诗，旁及赋与词曲而止耳。以广义言，凡有韵者皆诗之流，箴诔哀词，悉入诗类。《百家姓》者，昉于宋人姓氏急就篇，其源则史游《急就篇》开之。胪列事物，比而成句；编排各句，合而成韵，《百家姓》然，医方歌括亦然。

以上拙论，诗人或不为。以体裁论，亦不得谓非诗之流也。若夫无韵之作，仆非故欲摧折之，只以诗本旧名，当用旧式。若改作诗式，自可别造新名，如日本有和歌、俳句二体。和歌者，彼土之诗也；俳句者，彼土之燕语也。缘情体物，亦自不殊，而有韵无韵则异，其称名亦别矣。中国自古无无韵之诗，有之自胡人史思明始，思明得樱桃，未知诗而欲作诗，乃曰：樱桃一篮子，一半青一半黄，一半与怀王，思明之子，一半与周挚。恩明用事之臣。人曰：何不以怀王周挚上下易之，则成韵矣。思明大怒曰：岂可使周挚居我儿上耶。此事相传以为笑柄。今若以无韵诗家评之，则思明乃不误，而笑之者真误也，然乎否乎？必谓依韵成章，束缚情性，不得自如，故厌而立之。则不知樵歌小曲，亦无不有韵者，此正触口而出，何尝自寻束缚耶！绝句不过二三韵，近体不过四五韵。古体韵虽烦复，用韵转换，亦得自由。惟词之用韵稍多，而小令亦只数语，绝无束缚情性之事。若并此厌之，无妨如日本人之称俳句。若不欲用日本名词，无妨称为燕语。不当以新式强合旧名，如史思明所为也。苟取欧美偶有之事为例，此亦欧美人之纰漏，何足法焉。

章太炎

致马宗霍

一

宗霍仁弟足下：

春日以避寇北行，归后仍以说经自遣。前月往苏州讲学归，乃得足下手书，栋折榱崩，咎有所在，英雄特起，恐待后来。若今之统兵者，犹吾大夫子也。仆老不及见河清，惟有悖诲学人，保国学于一线而已。诚不敢望王仲淹，亦未至献太平策也。承示《大禹庙碑》一通，此等题目，须大手笔为之。高当求韩、柳，次亦当得燕许。若以权载之之笔为此，尚不免堕台阁体，又况宋文宪耶。惩于台阁，效姚、恽诸家所为，即又失之浅薄。必不得已，摹仿汉碑，朴拙自守，庶乎其可。

足下此作，源出中郎，惟迻写故书，实中郎之病，似不可再效，幸尚无台阁意味。然视天宝、大历诸公，似尚不逮。信乎高文典册之不易为也。铭词则清壮轩昂，声大而远，殆欲抗乎东京，为易三字，居然合作。原稿附奉，即此已足上石。

章炳麟白

二

宗霍仁弟足下：

前得书，属为饶氏作寿序，以迁居烦攘，未及着手，亦未暇作复。今迁居已定，始略就事状为之。此种题目，无可铺叙，惟有翻空见奇耳。世言文章之难，莫难于寿序，真是识甘苦之言，文士以十百数寿序，竟无一篇可传诵者，此亦足证。至于铺陈功德，作台阁体一类文字，本不足齿数也。此问起居多福。

章太炎

致人论文书

来书疑仆持论，褒大先梁而损置徐、庾以下，又称中唐韩、吕、刘、柳诸家，次及宋世宋祁、司马光等，然上不取季唐，下不与吴、蜀六士，谓欧阳、曾、王、苏。若两取容于姚、李二流者。仆闻之："修辞立其诚"也，自诸辞赋以外，华而近组则灭质，辨而妄断则失情，远于立诚之齐者，斯皆下情所欲弃捐，固不在奇偶然。徒论辞气，太上则雅，其次犹贵俗耳。主意。俗者谓土地所生习，《地官大司徒》注，婚姻丧纪旧所行也，《天官太宰》注，非猥鄙之谓。孙卿云："有雅儒者，有俗儒者。"李斯云："随俗雅化。"夫以俗为缦白，雅乃继起以施章采，故文质不相畔。世有辞言袭常而不善故训，不綦文理，不致隆高者，然亦自有友纪。佻僞侧媚之辞薄之，则必在绳之外矣，是能俗者也。先梁杂记，则随俗而善，文尽雅；陈已稍替，乃南北挋合，其质大挠，故有常语尽雅，毕才技以造瑰辞，犹几不及俗者，唐世颜师古、许敬宗之伦是也。致文则雅，燕闲短语，有所记述题署，且下于俗数等，近世阮元、李兆洛之伦是也。且北朝更丧乱久，文章衰息，浸已绌于江左。魏收、邢子才刻意尚文，以任、沈为大师，终不近。会江左文体亦变，徐陵通聘，而王鑣、庾信北陷，北人承其蛊色，其质素丑，外自文以妖冶，貌益不衷。传曰："白而白，黑而黑。夫《贲》，有何好乎？"陵夷至于唐世，常文蒙杂，而短书媟嫚，中间亦数改化。稍稍复古以有韩、吕、刘、柳，自任虽夸，顾其意岂诚薄齐、梁耶？有所欲欲于徐、庾，而深悼北人之效法者，失其轶丽，而只党莽，不就报章，欲因素功以为绚乎？自知虽规陆机，摹傅亮，终已不能得其什一，故便旋以趋彼耳。北方流势本拥肿也，削而奢之，大分不出后汉，碑诔尤近，造词窜句，犹兼晋、宋赋颂之流。宋世能似续者，其言稍约，亦独祁、光诸子。今夫韩、吕、刘、柳所为，自以为古文词，纵材薄不能攀姬汉，其愈隋、唐末流猥文固远。宋世吴、蜀六士，志不师古，乃自以当时决科献书之文为体，是岂可并哉？

曩尝与足下言："仆重汪中，未尝薄姚鼐、张惠言。"姚、张所法，上

143

不过唐、宋，视吴、蜀六士为谨。原注云，夸言稍少，此近代所长。若恽敬之恣，龚自珍之儇，则不可同论。仆视此虽不与宋祁、司马光等，要之文能循俗，后生以是为法，犹有坛宇，不下堕于猥言酿词，兹所以无废也。并世所见：王闿运能尽雅，其次吴汝纶之下，有桐城马其昶，为能尽俗。原注云：萧穆犹未能尽俗。下流所仰，乃在严复、林纾之徒。复词虽饬，气体比于制举，若将所谓曳行作姿者也。纾视复又弥下，词无涓选，精采杂汙，而更浸润唐人小说之风。夫欲物其体势，视若蔽尘，笑若龋齿，行若曲肩，自以为妍，而只益其丑也！与蒲松龄相次，自饰其词而只敬之曰："此真司马迁、班固之言。"原注云：纾弟子记师言，援吴汝纶言以为重。汝纶既没，其言有无不可知。观汝纶所为文词，不应与纾同其谬妄。或由性不绝人，好为奖饰之言乎？若然者，既不能雅，又不能俗，则复不得比于吴、蜀六士矣。仆固不欲两取容于姚、李，而恶夫假托以相争者。扬子曰："见弓之张弛而不失其良，曰馂之而已矣。"夫先梁与中唐者，势有张弛，岂其为良异哉！使奇偶之言，文章之议，日竞于世，失其所以馂，而诡雅异俗者据之，斯亦非足下之所惧耶！

小说者，列在九流十家，不可妄作。上者宋阍著书，上说下教，其意犹与黄老相似，晚世已失其守。其次曲道人物、风俗、学术、方伎，史官所不能志，诸子所不能录者，比于拾遗，故可尚也。宋人笔记尚多如此，犹有江左遗意。其下或及神怪，时有目睹，不乃得之风听，而不刻意构画其事，其词坦迤，淡乎若无味，恬然若无事者，《搜神记》《幽明录》之伦，亦已可贵。唐人始造意为巫蛊、媟㨊之言，晚世宗之，亦自以小说名，固非真实。夫蒲松龄、林纾之书，得以小说名者，亦犹"大全""讲义"诸书，傅于六艺儒家也。

章太炎

致康有为

长素足下：

读与南、北美州诸华商书，谓中国只可立宪，不能革命，援引今古，洒洒万言。呜呼长素，何乐而为是耶？热衷于复辟以后之赐环，而先为是龃龉不了之语，以耸东胡群兽之听，冀万一可以解免；非致书商人，致书于满人也。夫以一时之富贵，冒万亿不韪而不辞，舞词弄札，眩惑天下，使贱儒元恶为之则已矣；尊称圣人，自谓教主，而犹为是妄言。在己则脂韦突梯以佞满人已耳，而天下之受其蛊惑者，乃较诸出于贱儒元恶之口为尤甚。吾可无一言以是正之乎？

谨案长素大旨，不论种族异同，惟计情伪得失以立说。虽然，民族主义，自太古原人之世，其根性固已潜在，远至今日，乃始发达，此生民之良知本能也。长素亦知种族之必不可破，于是依违迁就以成其说，援引《匈奴列传》，以为上系淳维，出自禹后。夫满洲种族，是曰东胡，西方谓之通古斯种，固与匈奴殊类。虽以匈奴言之，彼既大去华夏，永滞不毛，言语政教饮食居处，一切自异于域内，犹得谓之同种也耶？智果自别为辅氏，管氏变族为阴家，名号不同，谱牒自异。况于戕虐祖国，职为寇仇，而犹傅以兄弟急难之义，示以周亲林附之恩，巨缪极戾，莫此为甚！近世种族之辨，以历史民族为界，不以天然民族为界。藉言天然，则褅祫海藻，享祧蝯蜼，六洲之氓，五色之种，谁非出于一本，而何必为是聒者耶？

长素又曰："氐、羌、鲜卑等族，以至元魏所改九十六姓，大江以南，骆越、闽、广，今皆与中夏相杂，恐无从检阅姓谱而攘除之。"不知骆越、闽、广，皆归化汉人而非陵制汉人者也。五胡代北，始尝宰制中华，逮乎隋唐统一，汉族自主，则亦箸土傅籍，同为编氓，未尝自别一族以与汉人相抗，是则同于醇化而已。日本定法，夙有蕃别；欧美近制，亦许归化。此皆以己族为主人而使彼受吾统治，故一切可无异视。今彼满洲者，其为归化汉人乎？其为陵制汉人乎？堂子妖神，非郊丘之教；辫发璎珞，非弁

冕之服；清书国语，非斯邈之文。徒以尊事孔子，奉行儒术，崇饰观听，斯乃不得已而为之，而即以便其南面之术，愚民之计。若言同种，则非使满人为汉种，乃适使汉人为满种也。长素固言大同公理非今日即可全行，然则今日固为民族主义之时代，而可混淆满汉以同薰莸于一器哉！时方据乱而言太平，何自悖其三世之说也？

长素二说，自知非持之有故、言之成理，不得已复援引《春秋》，谓其始外吴楚，终则等视。不悟荆、扬二域，《禹贡》既列于九洲，国土种类，素非异实。徒以王化陵夷，自守千里，远方隔阂，沦为要荒。而文化语言无大殊绝，《世本》谱系，犹在史官，一日自复通于上国，则自复其故名，岂满洲之可与共论者乎？

至谓衣服辫发，汉人已化而同之，虽复改为宋明之服，反觉不安。抑不知此辫发胡服者，将强迫以成之耶？将安之若性也？禹入裸国，被发文身；墨子入楚，锦衣吹笙，非乐而为此也。强迫既久，习与性成，斯固不足以定是非者。吾闻洪杨之世，人皆蓄发，不及十年，而曾左之师，摧陷洪氏，复从髡薙，是时朋侪相对，但觉纤首锐颠，形状罹异。然则蓄发之久，则以蓄发为安；辫发之久，则以辫发为安。向使满洲制服，涅齿以黛，穿鼻以金，刺体以龙，涂面以垩，恢诡殊形，有若魑魅，行之二百有六十年，而人亦安之无所怪矣。不问其是非然否，而惟问其所安，则所谓祖宗成法不可轻变者，长素亦何以驳之乎？野蛮人有自去其板齿而反讥有齿者为犬类，长素之说，得无近于是耶？

种种缪戾，由其高官厚禄之性素已养成，由是引犬羊为同种，奉豻尾为鸿宝。向之崇拜《公羊》，诵法《繁露》，以为一字一句皆神圣不可侵犯者，今则并其所谓复九世之仇而亦议之。其言曰："扬州十日之事，与白起坑赵、项羽坑秦无异。"岂不曰秦赵之裔未有报白项之裔者，则满洲亦当同例也。岂知秦赵白项，本非殊种，一旦战胜而击坑之者，出于白项二人之指麾，非出于士卒全部之合意。若满洲者，固人人欲尽汉种而屠戮之，其非为豫酋一人之志可知也。是故秦赵之仇白项，不过仇其一人；汉族之仇满洲，则当仇其全部。且今之握图籍、操政柄者，岂犹是白项之胤胄乎？三后之姓，降为舆台，宗支荒忽，莫可究诘，虽欲报复，乌从而报复之？至于满洲，则不必问其宗支，而全部自在也；不必稽其姓名，而政府自在也。此则枕戈剚刃之事，秦赵已不能施于白项，而汉族犹可施于满洲，章章明矣。明知其可报复，犹复饰为瘖聋，甘与同壤，受其豢养，供其驱使，宁使汉族无自立之日，而必为满洲谋其帝王万世祈天永命之计，何长素之无人心一至于是也!

　　长素又曰:"所谓奴隶者,若波兰之属于俄,印度之属于英,南洋之属于荷,吕宋之属于西班牙,人民但供租税,绝无政权,是则不能不愤求自立耳。若国朝之制,满汉平等,汉人有才者,匹夫可以为宰相。自同治年来,沈李翁孙迭相柄政,曾、左及李倚为外相,恭、醇二邸但拱手待成耳。即今除荣禄、庆邸外,何一非汉人为政?若夫政治不善,则全由汉唐宋明之旧,而非满洲特制也。然其举明世廷杖、镇盗、大户加税、开矿之酷政而尽除之。圣祖立一条鞭法,纳丁于地,不复差徭,此唐虞至明之所无,大地万国所未有。他日移变,吾四万万人必有政权自由,可不待革命而得之也。"夫所谓奴隶者,岂徒以形式言耶?曾左诸将,倚畀虽重,位在藩镇,蕞尔弹丸,未参内政。且福康安一破台湾,而遂有贝子郡王之赏;曾左反噬洪氏,挈大圭九鼎以付满洲,爵不过通侯,位不过虚名之内阁。曾氏在日,犹必谄事官文,始得保全首领。较其轻重,计其利害,岂可同日而道!近世军机首领,必在宗藩。夫大君无为,而百度自治,为首领者,亦以众员供其策使。彼恭醇二邸之仰成,而沈李翁孙之有事,乃适见此为奴隶而彼为主人也。阶位虽高,犹之阉宦仆竖而赐爵仪同者,彼固仰承风旨云尔。曷能独行其意哉!一条鞭法,名为永不加赋,而耗羡平余犹在正供之外。徭役既免,民无恶声,而舟车工匠,遇事未尝获免。彼既以南米供给驻防,亦知民志不怡,而不得不借美名以媚悦之。玄烨、弘历,数次南巡,强勒报效,数若恒沙。已居尧舜汤文之美名,而使佞幸小人间接以行其聚敛,其酷有甚于加税开矿者。观唐甄之《潜书》与袁枚之《致黄廷桂书》,则可知矣!庄生有云:"狙公赋芧,朝三暮四,众狙皆怒;朝四暮三,众狙皆悦,名实未亏而喜怒为用。"此正满洲行政之实相也。况于廷杖虽除,诗案史祸,较诸廷杖,毒螫百倍。康熙以来,名世之狱,嗣庭之狱,景祺之狱,周华之狱,中藻之狱,锡侯之狱,务以摧折汉人,使之噤不发语。虽李绂、孙嘉淦之无过,犹一切被赭贯木以挫辱之。至于近世,戊戌之变,长素所身受,而犹谓满洲政治为大地万国所未有。呜呼!斯诚大地万国所未有矣!李陵有言:"子为汉臣,安得不云尔乎?"

　　夫长素所以不认奴隶,力主立宪,以摧革命之萌芽者,彼固终日屈心忍志以处奴隶之地者尔。欲言立宪,不得不以皇帝为圣明,举其诏旨,有云:"一夫失职,自以为罪"者,而谓"亟亟欲开议院,使国民咸操选举之权,以公天下,其仁如天,至公如地,视天位如敝屣,然后可以言皇帝复辟,而宪政必无不行之虑。"则吾向者为《正仇满论》,既驳之矣。盖自

乙未以后，彼圣主之所长虑却顾，坐席不暖者，独太后之废置我耳。殷忧内结，智计外发，知非变法，无以交通外人，得其欢心，非交通外人，得其欢心，无以挟持重势，而排阻太后之权力。载湉小丑，未辨菽麦，铤而走险，固不为满洲全部计。长素乘之，投间抵隙，其言获用，故戊戌百日之政，足以书于盘盂，勒于钟鼎。其迹则公，而其心则只以保吾权位也。曩令制度未定，太后丑殂，南面听治，知天下之莫予毒，则所谓新政者，亦任其迁延堕坏而已。非直堕坏，长素所谓拿破仑第三新为民主，力行利民，已而夜宴伏兵，擒议员百数及知名士千数尽置于狱者，又将见诸今日。何也？满汉两族，固莫能两大也。

今以满洲五百万人，临制汉族四万万人而有余者，独以腐败之成法，愚弄之、锢塞之耳。使汉人一日开通，则满人固不能晏处于域内，如奥之抚匈牙利，土之御东罗马也。人情谁不爱其种类而怀其利禄。夫所谓圣明之主者，亦非远于人情者也，果能敝屣其黄屋，而弃捐所有以利汉人耶？藉曰其出于至公，非有满汉畛域之见，然而新法犹不能行也。何者？满人虽顽钝无计，而其怵惕于汉人，知不可以重器假之，亦人人有是心矣。顽钝愈甚，团体愈结，五百万人同德戮力，如生番之有社寮。是故汉人无民权，而满州有民权，且有贵族之权者也。虽无太后，而掣肘者什伯于太后；虽无荣禄，而掣肘者什伯于荣禄。今夫建立一政，登用一人，而肺腑昵近之地，群相榥桄，朋疑众难，杂沓而至，自非雄杰独断如俄之大彼得者，固弗能胜是也。共鲧四子，于尧皆葭莩姻娅也，靖言庸回，而尧亦不得不任用之。今所谓圣明之主者，其聪明文思果有以于愈尧耶？其雄杰独断，果有以侪于俄之大彼得者耶？往者戊戌变政，去五寺三巡抚如拉枯，独驻防则不敢撤，彼圣主之力与满洲全部之力，果孰优孰绌也！由是言之，彼其为私，则不欲变法矣；彼其为公，则亦不能变法矣。长素徒以诏旨美谈，视为实事，以此诳耀天下。独不读刘知几《载文》之篇乎？谓魏晋以后，诏敕皆责成群下，藻饰既工，事无不可。故"观其政令，则辛癸不如，读其诏诰，则勋华再出"。此足以知戊戌行事之虚实矣。

且所谓立宪者，固将有上下两院，而下院议定之案，上院犹得以可否之。今上院之法定议员，谁为之耶？其曰皇族，则亲王贝子是已；其曰贵族，则八家与内外蒙古是已；其曰高僧，则卫藏之达赖、班禅是已。是数者，皆汉族之所无，而异种之所特有，是议权仍不在汉人也。所谓满汉平等者，必如奥、匈二国并建政府，而统治于一皇，为双立君主制而后可。使东三省尚在，而满洲大长得以兼统汉人，吾民犹勉自抑制以事之。今者满洲故土，既攘夺于俄人，失地当诛，并不认为满洲君主，而何双立君主之有？夫戴此失地之天囚以为汉族之元首，是何异取罪人于囹圄而奉之为大君也！乃曰：朋友之交，犹贵久要不忘，安有君臣之际，受人之知遇，因人之危难，中道变弃，乃反戈倒攻者！诚如是，则载湉者，固长素之私友，而汉族之公仇也。况满洲全部之蠢如鹿豕者，而可以不革者哉？

虽然，如右所言，大抵关于种类，而于情伪得失未暇论也，则将复陈斯旨，为吾汉族筹之可乎？长素以为"革命之惨，流血成河，死人如麻，而其事卒不可就"。然则立宪可不以兵刃得之耶？既知英、奥、德、意诸国，数经民变，始得自由议政之权。民变者，其徒以口舌变乎？抑将以长戟劲弩飞丸发铉变也？近观日本，立宪之始，虽徒以口舌成之，而攘夷覆幕之师在其前矣。使前日无此血战，则后之立宪亦不能成。故知流血成河，死人如麻，为立宪所无可幸免者。长素亦知其无可幸免，于是迁就其说以自文，谓"以君权变法，则欧美之政术器艺可数年而尽举之"。夫如是，则固君权专制也，非立宪也。阔普通武之请立宪，天下尽笑其愚。岂有立宪而可上书奏请者？立宪可请，则革命亦可请乎？以一人之诏旨立宪，宪其所宪，非大地万国所谓宪也。

长素虽与载湉久处，然而人心之不相知，犹桎一体而他体不知其痛也。载湉亟言立宪，而长素信其必能立宪，然则今有一人执长素而告之曰，我当酿四大海水以为酒，长素亦信其必能酿四大海水以为酒乎？夫事之成否，不独视其志愿，亦视其才略何如。长素之皇帝圣仁英武如彼，而何以刚毅能挟后力以尼新法，荣禄能造谣诼以耸人心，各督抚累经严旨皆观望而不办，甚至章京受戮，已亦幽废于瀛台也！君人者，善恶自专，其威大矣。虽以文母之抑制，佞人之谗嗾，而秦始皇之在位能取太后、嫪毐、不韦而踣覆之，今载湉何以不能也？幽废之时，犹曰爪牙不具。乃至庚子西幸，日在道涂，已脱幽居之轭，尚不能转移俄顷，以一身逃窜于南方，与太后分地而处。其孱弱少用如此，是则仁柔寡断之主，汉献、唐昭之俦耳！太史公曰："为人君父而不知《春秋》之义者，必蒙首恶之名。"是故志士之任天下者，本无实权，不得以成败论之，而皇帝则不得不以成败论之。何者？有实权而不能用，则不得窃皇帝之虚名也。夫一身之不能保，而欲其与天下共忧，督抚之不能制，而欲其使万姓守法，庸有几乎！

事既无可奈何矣，其明效大验已众著于天下矣。长素则为之解曰："幽居而不失位，西幸而不被弑，是有天命存焉。王者不死，可以为他日必能立宪之征。"呜呼！王莽渐台之语曰，"天生德于予，汉兵其如予何！"

今之载湉，何幸有长素以代为王莽也。必若图录有征，符命可信，则吾亦尝于略读纬书矣。纬书尚繁，《中庸》一篇固为赞圣之颂，往时魏源、宋翔凤辈皆尝附之三统三世。谓可以前知未来，虽长素亦或笃信者也。然而《中庸》以"天命"始，以"上天之载无声无臭"终。"天命"者，满洲建元之始也；"上天之载"者，载湉为满洲末造之亡君也。此则建夷之运终于光绪，奴儿哈赤之祚尽于二百八十八年。语虽无稽，其彰明较著，不犹愈于长素之谈天命者乎？

要之，拨乱反正，不在天命之有无，而在人力之难易。今以革命比之立宪，革命犹易，立宪犹难。何者？立宪之举，自上言之，则不独专恃一人之才略，而兼恃万姓之合意；自下言之，则不独专恃万姓之合意，而兼恃一人之才略。人我相待，所依赖者为多。而革命则既有其合意矣，所不敢证明者，其才略耳。然则立宪有二难，而革命独有一难，均之难也，难易相较，则无宁取其少难而差易者也。虽然，载湉一人之才略，则天下信其最绌矣。而谓革命党中必无有才略如华盛顿、拿破仑者，吾所不敢必也。虽华盛顿、拿破仑之微时，天下岂知有华盛顿、拿破仑者？而长素徒以阿坤鸦度一蹶不振相较。今天下四万万人之材性，长素岂尝为其九品中正而一切检察差第之乎？借曰此魁梧绝特之彦，非中国今日所能有。尧舜固中国人矣，中国亦望有尧舜之主，出而革命，使本种不亡已耳，何必望其极点如华盛顿、拿破仑者乎！

长素以为"中国今日之人心，公理未明，旧俗俱在，革命以后，必将日寻干戈，偷生不暇，何能变法救民，整顿内治！"夫公理未明，旧俗俱在之民，不可革命，而独可立宪，此又何也？岂有立宪之世，一人独圣于上，而天下皆生番野蛮者哉？虽然，以此讥长素，则为反唇相稽，校轸无已。吾曰不可立宪，长素犹曰不可革命也。则应之曰，人心之智慧，自竞争而后发生。今日之民智，不必恃他事以开之，而但恃革命以开之。且勿举华、拿二圣，而举明末之李自成。李自成者，迫于饥寒，揭竿而起，固无革命观念，尚非今日广西会党之俦也。然自声势稍增，而革命之念起；革命之念起，而剿兵救民赈饥济困之事兴。岂李自成生面有是志哉？竞争既久，知此事之不可已也。虽然，在李自成之世，则赈饥济困为不可已；在今之世，则合众共和为不可已。是故以赈饥济困结人心者，事成之后，或为枭雄；以合众共和结人心者，事成之后，必为民主。民主之兴，实由时势迫之，而亦由竞争以生此智慧者也。征之今日，义和团初起时，惟言"扶清灭洋"，而景廷宾之师，则知"扫清灭洋"矣。今日广西会党，则知不必开衅于西人，而先以扑灭满洲剿除官吏为能事矣。唐才常初起时，深信英人，密约漏情，乃卒为其所卖。今日广西会党，则知己为主体，而西人为客体矣。人心进化，孟晋不已。以名号言，以方略言，经一竞争，必有胜于前者，今之广西会党，其成败虽不可知，要之继此而起者，必视广西会党为尤胜，可预言也。然则公理之未明，即以革命明之；旧俗之俱在，即以革命去之。革命非天雄、大黄之猛剂，而实补泻兼备之良药矣。

长素以为"今之言革命者，或托外人运械，或请外国练军，或与外国立约，或向外国乞师，卒之堂堂大国，谁肯与乱党结盟，可取则取之耳。"吾以为今日革命，不能不与外国委蛇；虽极委蛇，犹不能不使外人干涉。此固革命党所已知，而非革命党所未知也。日本之覆幕也，法人尝通情于大将军，欲为代平内乱。大将军之从之与否，此固非覆幕党所能预知。然以人情自利言之，则从之为多数，而不从为少数。幸而不从，是亦覆幕党所不料也。而当其歃血举义之时，固未尝以其必从而稍沮。今者人知恢复，略有萌芽，而长素何忍以逆料未中之言，沮其方新之气乎？呜呼！生二十世纪难，知种界难，新学发现难，直人心奋厉时难。前世圣哲，或不遇时；今我国民，幸睹精色。哀哀汉种，系此刹那。谁无父母？谁无心肝？何其矢阂之不遗余力，幸同种之为奴隶，以必信其言之中也！且运械之事，势不可无；而乞师之举，不必果有。今者西方数省，外稍负海而内有险阻之形势，可以利用外人而不为外人所干涉者，亦未尝无其地也。略得数道，为之建立政府，百度维新，庶政具举。彼外人者，亦视势利所趋耳。未成则欲取之，小成则未有不认为与国者，而何必沾沾多虑为乎！

世有谈革命者，知大事之难举，而言割据自立，此固局于一隅，所谓井底之蛙，不知东海者，而长素以印度成事戒之。虽然，吾固不主割据，犹有辩护割据之说在，则以割据犹贤于立宪也。夫印度背蒙古之莫卧儿朝，以成各省分裂之势，卒为英人蚕食，此长素所引为成鉴者。然使莫卧尔朝不亡，遂能止英人之蚕食耶？当莫卧尔一统时，印度已归于异种矣。为蒙古所有，为英人所有，二者何异？使非各省分裂，则前者为蒙古时代，后者为英吉利时代，而印度本种，并无此数十年之国权。夫终古不能得国权，与暂得国权而复失之，其利害相越，岂不远哉！语曰："不自由，毋宁死。"然则暂有自由之一日而明日自刎其喉，犹所愿也，况绵延至于三四十年乎。且以印度情况比之中国，则固有绝异者。长素《论印度亡国书》，谓其文学工艺远过中国，历举书籍见闻以为证。不知热带之地，不忧冻饿，故人多慵惰；物易坏烂，故薄于所有观念；是故婆罗、释迦之

教，必见于印度而不见于异地。惟其无所有观念，而视万物为无常，不可执着故。此社会学家所证明，势无可遁者也。夫薄于所有观念，则国土之得丧，种族之盛衰，固未尝概然于胸中。当释迦出世时，印度诸国，已为波斯属州。今观内典，徒举比邻诸王而未见波斯皇帝，若并不知己国之属于波斯者。厥有愤发其所能自树立者，独阿育王一家耳。今世各省分裂之举，亦其出于偶尔，而非出于本怀。志既不坚，是故迁延数世，国以沦丧。夫欲自强其国种者，不恃文学工艺，而惟视所有之精神。中国之地势人情，少流散而多执着，其贤于印度远矣。自甲申沦陷，以至今日，愤愤于腥膻贱种者，何地蔑有。其志坚于印度，其成事亦必胜于印度，此宁待蓍蔡而知乎！

若夫今之汉人，判涣无群，人自为私，独甚于汉唐宋明之季，是则然矣。抑谁致之而谁迫之耶？吾以为今人虽不尽以逐满为职志，或有其志而不敢讼言于畴人，然其轻视靺鞨以为异种贱族者，此其种性根于二百年之遗传，是固至今未去者也。往者陈名夏、钱谦益辈，以北面降虏，贵至阁部，而未尝建白一言，有所补助，如魏徵之于太宗，范质之于艺祖者。彼固曰异种贱族，非吾中夏神明之胄，所为立于其朝者，特曰冠貂蝉、袭青紫而已。其存听之，其亡听之。若曰为之驰驱效用而有所补助于一姓之永存者，非吾之志也。理学诸儒，如熊赐履、魏象枢、陆陇其、朱轼辈，时有献替，而其所因革，未有关于至计者。虽曾、胡、左、李之所为，亦曰建殊勋博高爵耳。功成而后，于其政治之盛衰，宗稷之安危，未尝有所筹画焉，是并拥护一姓而亦非其志也。其他朝士，入则弹劾权贵，出则搏击豪强，为难能可贵矣；次即束身自好，优游卒岁，以自处于朝隐；而下之贪墨无艺怯懦忘耻者，所在皆是。三者虽殊科，要其大者不知会计之盈绌，小者不知断狱之多寡，苟得廪禄以全吾家室妻子，是其普通之术矣。无他，本陈名夏、钱谦益之心以为心者，固二百年而不变也。明之末世，五遭倾覆，一命之士，文学之儒，无不建义旗以抗仇敌者，下至贩夫乞子，儿童走卒，执志不屈，而仰药剚刃以死者，不可胜计也。今者北京之破，民则愿为外国之顺民，官则愿为外国之总办，食其俸禄，资其保护，尽顺天城之中，无不牵羊把茅甘为贰臣者。若其不事异姓，躬自引决，缙绅之士殆无一人焉。无他，亦曰异种贱族，非吾中夏神明之胄，所为立于其朝者，特曰冠貂蝉、袭青紫而已。其为满洲之主则听之，其为欧美之主则听之，本陈名夏、钱谦益之心以为心者，亦二百年而不变也。然则满洲弗逐，而欲士之争自濯磨，民之敌忾效死，以期至乎独立不羁之域，此必不可得之数也。浸微浸衰，亦终为欧美之奴隶而已矣。非种不锄，良种不滋；败群不除，善群不殖。自非躬执大彗，以扫除其故家污俗。而望禹域之自完也，岂可得乎？以上录旧著《正仇满论》。

夫以种族异同明白如此，情伪得失彰较如彼，而长素犹偷言立宪而力排革命者，宁智不足识不逮耶？吾观长素，二十年中，变易多矣。始孙文倡义于广州，长素尝遣陈千秋、林奎往，密与通情，及建设保国会，亦言保中国不保大清，斯固志在革命者。未几，瞑眩于富贵利禄，而欲与素志调和，于是戊戌柄政，始有变法之议。事败亡命，作衣带诏，立保皇会，以结人心。然庚子汉口之役，犹以借遵皇权，密约唐才常等，卒为张之洞所发。当是时，素志尚在，未尽澌灭也。唐氏既亡，保皇会亦渐溃散。长素自知革命之不成，则又瞑眩于富贵利禄，而今之得此，非若畴昔之易，于是宣布是书，其志岂果在保皇立宪耶？亦使满人闻之，而曰长素固忠贞不贰，竭力致死以保我满洲者，而向之所传，借遵皇权保中国不保大清诸语，是皆人之所以诬长素者，而非长素故有是言也。荣禄既死，那拉亦耄，载湉春秋方壮，他日复辟必有其期，而满洲之新起柄政者，其势力权借或不如荣禄诸奸，则工部主事可以起复，虽内阁军机之位，亦可以觊觎矣。长素固云"穷达一节，不变塞焉"，盖有之矣，我未之见也。抑吾有为长素忧者，向日革命之议，哗传于人间，至今未艾。陈千秋虽死，孙文、林奎尚在；唐才常虽死，张之洞尚在；保国会之微言不著竹帛，而入会诸公尚在。其足以证明长素之有志革命者，不可件举。虽满人之愚蒙，亦未必遽为长素欺也。呜呼哀哉！南海圣人，多方善疗，而梧鼠之技，不过于五，亦有时而穷矣。满人既不可欺，富贵既不可复，而反使炎黄遗胄，受其蒙蔽，而缓于自立之图。惜乎！己既自迷，又使他人沦陷，岂直二缶钟惑而已乎！此吾所以不得不为之辨也。

若长素能跃然于祗悔，奋厉朝气，内量资望，外审时势，以长素魁垒耆硕之誉，闻于禹域，而弟子亦多言革命者，少一转移，不失为素王玄圣。后王有作，宣昭国光，则长素之像，屹立于星雾；长素之书，尊藏于石室；长素之迹，葆覆于金塔；长素之器，配崇于铜柱，抑亦可以尉荐矣。借曰死权之今过于殉名，少安勿躁以待新皇，虽长素已槁项黄馘，卓茂之尊荣，许靖之优养，犹可无操左契而获之。以视名实俱丧，为天下笑者何如哉！书此，敬问起居，不具。

章炳麟白

致袁世凯

大总统执事：

前上一书，未见答复，迩者宪兵虽解，据副司令陆建章言，公以人才阙乏，必欲强留，炳麟不能受此甘言也。若有他故，能议公者，岂惟一人？舆论纵不振于中土，若外人之烦言何！炳麟本以共和党独立相辅助，亦傥至而相行耳。而大总统羁之不舍，既使赵秉钧以国史相饵，又欲别为置顿。炳麟以深山大泽之夫，天性不能为人门客，游于孙公者旧交也，游于公者初定也，既而食客千人，珠履相耀，炳麟之愚，宁能与鸡鸣狗盗从事耶？史馆之职，盖以直笔绳人，既为群伦所不便，方今上无奸雄，下无大佞，都邑之内，攘攘者穿窬摸金皆是也。纵作史官，亦倡优之数耳。窃闻史迁、陈寿之能谤议，而后嗣乐于览观者，以述汉、魏二武之事也。不幸遇朱全忠、石敬塘，虽以欧阳公之叹息，欲何观焉。

今大总统圣神文武，咸五登三，簪笔而颂功德者，盖以千亿，亦安赖于一人乎？近有武汉人士，招往讲学，北方亦有一二人笃之。愚意北方文化已衰，朝气光融，尚在江汉合流之地，不欲羁滞幽燕也。必若蔑弃约法，制人迁居，知大总统恪共宪典，必不为也。饱食终日，无所用心，以与朋辈优游谑浪，炳麟亦不能为也。苟图其大，得屈此身以就晦冥之地，则私心所祈向者，独考文苑一事，经纬国常，著书传世，其职在民而不在官，犹古九两师儒之业。迩者方言国音、字典文例、文学史、哲学史等，皆未编成。而教育部群吏又盲瞀未有知识，国华日消，民不知本，实愿有以拯济之。同苑须四十人，书籍碑版印刷之费，数复不少，非岁得数十万元不就。若大总统不忘宗国，不欲国性与政治俱衰，炳麟虽狂简，敢不从命？若絷维一人以为功，委弃文化以为武，凤翱翔于千仞，览德辉而下之，炳麟其何愧之有。没有不幸，投诸浊流，所甘心也。书此达意，请于三日内答复。

章炳麟启　　一九一三年十一月二十二日

章太炎

致 邓 实

　　昨闻上海有人定近世文人笔语为五十家，以仆纡厕其列。仆之文词为雅俗所知者，盖论事数首而已，斯皆浅露其词，取足便俗，无当于文苑。向作《訄书》，文实宏雅，箧中所藏，视此者数十首，盖博而有约，文不掩实，以是为文章职墨，流俗或未之好也。定文者，以仆与谭复生、黄公度耦。二子志行，顾亦有可观者，然学术既疏，其文词又少检格。复生气体骏利，以少习俪语，不能远师晋、宋，喜用雕琢，猰而失粹，轻侠之病，往往相属。公度喜言经世，其体则同甫、贵与之侪。上距敬舆，下摧水心，犹不相逮，仆虽朴陋，未敢与二子比肩也。

　　近世文士王壬秋，可谓游于其藩，犹多掩袭声华，未能独往。康长素时有善言而稍谲奇自恣，仆亦不欲与二贤参俪。谓宜刊削鄙文，无令猥厕，大衍之数，虚一不用，亦何伤于蓍卦哉。故非欲掎摭利病，汎俅僄时彦以自崇也。以为文生于名，名生于形，形之所限者分，名之所稽者理，分理明察，谓之知文。小学既废，则单篇橛落。玄言日微，故俪语华靡。不揣其本而肇其末，人自以为卿、云，家相誉以潘、陆，何品藻之容易乎！

　　仆以下姿，智小谋大，谓文学之业，穷于天监；简文变古，志在桑中，徐、庾承其流化，淡雅之风，于兹沬矣。燕、许诸公，方欲上攀秦、汉，逮及韩、刘、吕、权、独孤、皇甫诸家，劣能自振。晚唐出以谲诡，两宋济以浮夸，斯皆不足邵也。将取千年朽蠹之余，反之正则。虽容甫、申耆，犹曰"采浮华，弃忠信"尔！皋文、涤生尚有谖言，虑非修辞立诚之道。夫忽略名实，则不足以说典礼。浮辞未剪，则不足以穷远致。言能经国，绌于笾豆有司之守；德音孔胶，不达形骸知虑之表。故篇章无计薄之用，文辨非穷理之器。彼二短者，仆自以为绝焉。所以块居独处，不欲寄群彦之数者也。夫代文救僿，莫若以忠，撰录文词，谅非急务，然彼之为是，亦云好尚所至而已。遂事既不可谏，仆之私著，出内在我，宜告以鄙怀，无令署录，玉石朱紫，庶其有分。

155

致吴稚晖

稚晖足下：

前得手书，造次作复。今见足下复以此函登诸《新世纪》中，故复详疏本末以报。仆始终视足下，非革命党也，非无政府党也，非保皇党、立宪党也，曰康有为门下之小史，盛宣怀校内之洋奴云尔！

足下辄以陵轹同辈为言，谁视足下为同辈者。乃牵涉陈范事，摘仆所著《慰丹传》中之言云"清铅山知县免官欲报仇"者以相诘。陈范素以赃吏得名，淫昏欺诈，至免官后尚然。凡人书信札封面与范，题云"大老爷"则怒，题云"大人"则喜（范曾捐升知府），此得为真革命党乎？至云提考篮、戴铜顶，二者吾幸脱焉，少小未尝应试，至今犹是汉族齐民也。足下尝中式乡试，私臆他人，非举人即学官弟子，盗跖以余财污良家，何足与辩！仆意固非谓应科举者，即不得为革命党；变非谓曾入仕途者，即不得为革命党，要在观其行事而已。陈范以赃吏免官，发愤而言"革命"，其心诈伪，非独仆一人知之。若如香山陈景华者，杀岑春煊差官，因被拘劾遂入革命党中。当其攻杀差官时，已有鲠直犯上之气，故其言革命为可信，亦谁得以陈景华为免官报仇者。如范之伦，固远非景华比矣。民族革命光复旧物之义，自船山、晚村以来，彰彰在人耳目。凡会党户知之，凡妇女儿童亦户知之，非自仆始，仆安得以革命党前辈自居哉！世有才骏，或沉沦科举仕宦之间，与昌言立宪变法，而卒自悟其非，豹变龙拏以归于革命者，吾方馨香顶礼以造其门。独于足下则异是，要以行事推知耳。昔闻康子有"日"、"月"二侍者，怪而问其徒党，则曰："林旭者，吾师之外嬖也，吴朓者，吾师之外嬖也。"此所以赫然留吴朓之名也。

前此作《慰丹传》，由《革命评论》社人属仆疏记·以充篇幅。书此相付，草此操觚，录其事状，所以发扬芳烈酬死友于地下者，无过毫末。痛心之事，言之能无愉乎？慰丹而外，死友复有秦力山氏。欲为作传，至今未成。诚以二子之提倡革命，收效至宏，与仆交义亦最挚，悲痛惨怛，度越恒情，故欲记其事而不能措诸文词，若无《革命评论》社人之请，斯传虽至今不作可也。而足下谓以此为表旗，足下"思想自由"，仆亦岂能干涉，但自述素心，如是而已。

足下诘仆云："□□□君果有其人否？何以屡询留欧同人，无知之者？新从东方来之人，亦不之知。"今告足下：□□□君乃一幕友，前岁来此游历，与仆相见而说其事，至其语所从来，仆何必问？度金陵皆已知之，足下虽以死抵谰，赐面请安之事，卒不可讳。且足下既见明震，火票未发以前，未有一言见告，非表里为奸，岂有坐视同党之危而不先警报者？及至巡捕抵门，他人犹未知明震与美领事磋商事状，足下已先言之，非足下与明震通情之的证乎？非足下献策之的证乎？仆辈入狱以后，足下来视，自道其情，当是时，足下亦谓仆辈必死，以此自鸣得意，故直吐隐情而无所讳（即赐面请安等）。及今自掩，奈前言不可食何？乃云："何不丐□君亲叩俞氏。"足下既自述，仆又得二子证明，证据已足，又安用复叩为？又云："献策语与对学生语，未容随便填写。"足下试念，仆作《慰丹传》，非法庭录供之爱书，有其事则略记其语，宁能适与声气相肖？非独仆然，自来记事者皆然。足下自命为无政府党，与法律相攻，顾于寻常记叙之言，欲以法吏录供为例，岂足下不知文体耶？抑攻击法律者所以自便，而挟持法律者所以御人乎？

足下以直供《苏报》主笔让仆，抑足下入狱省视时，已自述行期，仓猝告别。既为逋逃之人，无从捕录，又何隐焉？足下复以简邀邹、龙让仆，抑仆岂愿入网罗？以珠抵鹊者，徒以学社未理，是故守死待之，犹军吏之死城塞。不然，何苦而不自藏匿耶！学社之争，仆与慰丹发之。《革命军》为慰丹所著，仆实序之，事相牵系，不比不行。仆既入狱，非有慰丹为之证明，则《革命军》之罪案，将并于我。是故以大义相招，期与分任。而慰丹亦以大义来赴，使慰丹不为仆事，亦岂欲自入陷阱者？□氏虽以他事见捕，而人证未具，则狱不速决。狱不速决，则仆与《苏报》馆中三子将永系于捕署之中，是故亦以简邀□氏。昔吕安、嵇康，词相引证，吾但知汉土先贤，有此成例而已，安知所谓落水求伴者哉？文词记载，自有详略，但说慰丹入狱，义不负心可也。纵自述简邀事，于仆何损，而当深讳其文耶！爱国学社先进诸生，忿于社事，抵慰丹之门，抛砖骂詈，云："章某已入狱，尔不入狱为无耻！"此非足下教之乎？仆于此事，盖亦未及详载也。

足下睚眦报仇，与主父偃、朱买臣异世同术，而外以博大之语自文。

且前在学社，目中惟有南洋退学生，今在巴黎，目中亦惟有法国留学生。自此而外，四千军、四百兆之士民，一切与犬羊同视。党见狭陋，并世无双，而反以心量过狭议人，此固足下所当自省者也。足下本一洋奴资格，迩而执贽康门，特以势利相缘，非梁启超、陈千秋辈从之求学者比。

邹容

作者简介

邹容（1885—1905）　近代作家、革命家。原名绍陶，又名桂文，字蔚丹，四川巴县人。1902年留学日本，参加留学生的革命活动。次年回上海，参加爱国学社，与章炳麟发起成立中国学生同盟会。著《革命书》揭露清王朝的残酷统治和卖国行径，号召推翻清朝统治，建立中华共和国。《革命军》一书思想尖锐，感情奔放，语言明晰流畅，是当时宣传革命思想的新体散文代表作。《苏报》主笔章士钊撰文推荐，评此书为全国人民必读的"第一教科书"。同年6月，章炳麟被捕，他自投捕房，被判死刑。1905年4月死于狱中。1912年2月，南京中华民国临时政府追赠其为大将军。

邹容

革命军

章　序

　　蜀邹容为革命军方二万言，示余曰：欲以立懦夫，定民志，故词多恣肆，无所回避，然得无恶其不文耶？余曰：凡事之败，在有其倡者而莫与为和，其攻击者且千百辈，故仇敌之空言，足以堕吾实事。夫中国吞噬于逆胡260年矣，宰割之酷，诈暴之工，人人所身受，当无不倡言革命。然自乾隆以往，尚有吕留良、曾静、齐周华等持正义以振聋俗，自尔遂寂泊无所闻。吾观洪氏之举义师，起而与为敌者，曾、李则柔煦小人，左宗棠喜功名，乐战事，徒欲为人策使，顾勿问其赿非枉直，斯固无足论者。乃如罗、彭、邵、刘之伦，皆笃行有道士也，其所操持不洛、闽，而金溪、余姚、衡阳之黄书日在几阁，孝弟之行，华戎之辨，仇国之痛，作乱犯上之戒，宜一切习闻之。卒其行事乃相缪戾如彼，材者张其角牙以覆宗国，其次即以身家殉满洲，乐文采者则相与鼓吹之。无他，悖德逆伦，并为一谈，牢不可破，故虽有衡阳之书而视之若无见也。然则洪氏之败，不尽由计划失所，正以空言足与为难耳。

　　今者风俗臭味少变更矣，然其痛心疾首恳恳必以逐满为职志者，虑不数人。数人者，文墨议论又往往务为蕴藉，不欲以跳踉搏跃言之，虽余亦不免是也。嗟呼，世皆嚚昧而不知话言，主文讽切，勿为动容，不震以雷霆之声，其能化者几何？异时义师再举，其必堕于众口之不理，既可知矣。今容为是书，壹以叫咷恣言，发其惭恚，虽嚚昧若罗、彭诸子，诵之犹当流汗祇悔，以是为义师先声，庶几民无异志，而材士亦知所返乎！

　　若夫屠沽负贩之徒，利其径直易知而能恢发智识，则其所化远矣。藉非不文，何以致是也！抑吾闻之，同族相代，谓之革命；异族攘窃，谓之灭亡。改制同族，谓之革命，驱除异族，谓之光复。今中国既灭亡于逆

胡，所当谋者光复也，非革命云尔。容之署斯名，何哉？谅以其所规画，不仅驱除异族而已，虽政教学术，礼俗材性，犹有当革命者焉，故大言之曰革命也。

共和2774年4月，余杭章炳麟序。

邹　　记

革命军自叙　国制蜀人邹容泣述

不文以生，居于蜀十有六年；以辛丑（光绪二十七年，1901年）出扬子江，旅上海；以壬寅（光绪二十八年，1902年）游海外，留经年。录达人名家言印于脑中者，及思想间所不平者，列为编次，以报我同胞。其亦附于文明国中言论自由、思想自由、出版自由者欤？虽然，中国人，奴隶也。奴隶无自由，无思想。然不。文不嫌此区区微意，自以为以是报我四万万同胞之恩我，父母之恩我，朋友兄弟姊妹之爱我。其有责我为大逆不道者，其有信我为光明正大者，吾不计。吾但信卢梭、华盛顿、威曼诸大哲于地下有灵，必哂曰："孺子有知，吾道其东！"吾但信郑成功、张煌言诸先生于地下有灵，必笑曰："后起有人，吾其瞑目！"文字收功日，全球革命潮。吾言已，吾心不已。

皇汉民族亡国后之二百六十年岁次癸卯（光绪二十九年，1903年）三月　日革命军中马前卒邹容记。

第一章　绪　论

扫除数千年种种之专制政体，脱去数千年种种之奴隶性质，诛绝五百万有奇披毛戴角之满洲种，洗尽二百六十年残惨虐酷之大耻辱，使中国大陆成干净土，黄帝子孙皆华盛顿，则有起死回生，还魂返魄，出十八层地狱，升三十三天堂，郁郁勃勃，莽莽苍苍，至尊极高，独一无二，伟大绝伦之一目的，曰革命。〔巍巍哉！革命也。皇皇哉！革命也。〕

吾于是沿万里长城，登昆仑，游扬子江上下，溯黄河，竖独立之旗，撞自由之钟，呼天吁地，破颡裂喉，以鸣于我同胞前曰："呜呼！我中国今日不可不革命；我中国今日欲脱满洲人之羁缚，不可不革命；我中国欲独立，不可不革命；我中国欲与世界列强并雄，不可不革命；我中国欲长存于二十世纪新世界上，不可不革命；我中国欲为地球上名国，地球上主人翁，不可不革命。革命哉！革命哉！我同胞中老年、中年、壮年、少年、幼年、无量男女，其有言革命而实行革命者乎？我同胞其欲相存、相养、相生活于革命也。吾今大声疾呼，以宣布革命之旨于天下。

邹容

　　革命者，天演之公例也；革命者，世界之公理也；革命者，争存争亡过渡时代之要义也；革命者，顺乎天而应乎人者也；革命者，去腐败而存良善者也；革命者，由野蛮而进文明者也；革命者，除奴隶而为主人者也。是故一人一思想也，十人十思想也，百千万人百千万思想也，亿兆京垓人亿兆京垓思想也，人人虽各有思想也，即人人无不同此思想也。居处也，饭食也，衣服也，器具也，若善也，若不善也，若美也，若不美也，皆莫不深潜默运，盘旋于胸中，角触于脑中，而辨别其孰善也，孰不善也，孰美也，孰不美也。善而存之，不善而去之，美而存之，不美而去之，而此去存之一微识，即革命之旨所出也。夫犹指此事物而言之也。试放眼纵观上下古今，宗教道德，政治学术，一视一缔之微物，皆莫不数经革命之掏擁，过昨日，历今日，以象现现象于此也。夫如是也，革命固如是平常者也。虽然，亦有非常者在焉。闻之1688年英国之革命，1775年美国之革命，1870年法国之革命，为世界应乎天而顺乎人之革命，去腐败而存良善之革命，由野蛮而进文明之革命，除奴隶而为主人之革命。牺牲个人以利天下，牺牲贵族以利平民，使人人享其平等自由之幸福。甚至风潮所播及，亦相与附流合汇，以同归于大洋。大怪物哉！革命也。大宝物哉！革命也。吾今日闻之，犹口流涎而心痒痒。吾是以于我祖国中，搜索五千余年之历史，指点二百余万方里之地图，问人省己，欲求一革命之事，以比例乎英、法、美者。呜呼！何不一遇也。吾亦尝执此不一遇之故而熟思之，重思之，吾因之而有感矣，吾因之而有慨于历代民贼独夫之流毒也。

　　自秦始统一宇宙，悍然尊大，鞭笞宇内，私其国，奴其民，为专制政体。多援符瑞不经之说，愚弄黔首，矫诬天命，揽国人所有而独有之，以保其子孙帝王万世之业。不知明示天下以可欲可羡可歆之极，则天下之思篡取而夺之者愈众。此自秦以来，所以狐鸣篝中，王在掌上，卯金伏诛，魏氏当涂，黠盗奸雄，觊觎神器者，史不绝书。于是石勒、成吉思汗等类，以游牧腥膻之胡儿，亦得剩机窃命，君临我禹城，臣妾我神种。呜呼革命！杀人放火者出于是也！呜呼革命！自由平等者亦出于是也！

　　吾悲夫吾同胞之经此无量野蛮之革命，而不一伸头于天下也。吾悲夫吾同胞之成事齐事楚，任人掬抛之天性也。吾幸夫吾同胞之得与今世界列强遇也；吾幸夫吾同胞之得闻文明之政体、文明之革命也；吾幸夫吾同胞之得卢梭《民约论》、孟德斯鸠《万法精理》、弥勒约翰《自由之理》《法国革命史》《美国独立檄文》等书译而读之也。是非吾同胞之大幸也夫！是非吾同胞之大幸也夫！

　　夫卢梭诸大哲之微言大义，为起死回生之灵药，返魄还魂之宝方。金丹换骨，刀圭奏效，法、美文明之胚胎，皆基于是。我祖国今日病矣，死矣，岂不欲食灵药投宝方而生乎？苟其欲之，则吾请执卢梭诸大哲之宝幡，以招展于我神州土，不宁惟是，而况又有大儿华盛顿于前，小儿拿破仑于后，为吾同胞革命独立之表述。嗟乎！嗟乎！革命！革命！得之则生，不得则死。毋退步，毋中立，毋徘徊，此其时也，此其时也。此吾之所以倡言革命，以相与同胞共勉共勖而实行此革命主义也。苟不欲之，则请待数十百年后，必有倡平权释黑奴之耶女起，以再倡平权释数重奴隶之支那奴！

第二章　革命之原因

　　革命！革命！我四万万同胞今日何为而革命？吾先叫绝曰：不平哉！不平哉！中国最不平伤心惨目之事，莫过于戴狼子野心游牧贱贼满洲人而为君，而我方求富求贵，摇尾乞怜，三跪九叩首，酣嬉浓浸于其下，不知自耻，不知自悟。哀哉！我同胞无主性；哀哉！我同胞无国性；哀哉！我同胞无种性，无自立之性。

　　近世革新家、热心家常号于众曰：中国不急急改革，则将蹈印度后尘，波兰后尘，埃及后尘，于是印度、波兰之话剧将再演于神州等词，腾跃纸上。邹容曰：是何言欤？是何言欤？何厚颜盲目而为是言欤？何忽染疯病而为是言欤？不知吾已为波兰、印度于满洲人之胯下三百年来也，而犹曰"将为也"。何故？请与我同胞一解之。将谓吾已为波兰、印度于贼满人，贼满人又为波兰、印度于英、法、俄、美等国乎？苟如是此，则吾宁为此直接亡国之民，而不愿为此间接亡国之民。何也？彼英、法等国之能亡吾国也，实其文明程度高于吾也。吾不解吾同胞不为文明人之奴隶，而偏爱为此野蛮人奴隶之奴隶。呜呼！明崇祯皇帝殉国，"任贼碎戮朕尸，毋伤我百姓"之一日，满洲人率八旗精锐之兵，入山海关定鼎北京之一日，此固我皇汉人种亡国之一大纪念日也。

　　世界只有少数人服从多数人之理，愚顽人服从聪明人之理。使贼满人而多数也，则仅五百万人，尚不及一州县之众。使贼满人而聪明也，则有目不识丁之亲王大臣，唱京调二簧之将军都统；三百年中虽有一二聪明特达之人，要皆为吾教化所陶熔。

　　一国之政治机关，一国之人共司之，苟不能司政治机关，参预行政权者，不得谓之国，不得谓之国民。此世界之公理，万国所同然也。今试游于华盛顿、巴黎、伦敦之市，执途人而问之曰："汝国中执政者，为同胞欤？抑异种欤？"必答曰："同胞！同胞！岂有异种执吾国政权之理。"又问之曰："汝国人有参预行政权否？"必答曰："国者积人而成者也，吾亦国人之分子，故国事为己事，吾应而参预焉。"乃转诘我同胞，何一一与之大相反对也耶？谨就贼满人待我同胞之政策，为同胞述之。

　　满洲人之在中国，不过十八行省中之一最小部分耳，而其官于朝野者，则以一最小部分敌十八行省而有余。今试以京官满、汉缺额观之，自大学士、尚书、侍郎满、汉二缺平列外，如内阁衙门，则满学士六，汉学士四，满、蒙侍读学士六，汉军、汉侍读学士二，满侍读十二，汉侍读二，满、蒙中书九十四，汉中书三十。又如六部衙门，则满郎中、员外、主事缺额约四百名，吏部三十余，户部百余，礼部三十余，兵部四十余，刑部七十余，工部八十余。其余各部堂主事皆满人，无一汉人。而汉郎中、员外、主事缺额不过一百六十二名。每季《搢绅录》中，于职官总目下，只标出汉郎中、员外、主事若干人，而浑满缺于不言，殆有不能示天下之隐衷也。是六部满缺司员，几视汉缺司员而三倍（笔帖式尚不在此数）。而各省府道实缺，又多由六部司员外放，何怪满人之为道府者，布满国中也。若理藩院衙门，则自尚书、侍郎迄主事、司库皆满人任之，无一汉人错其间，（理藩之事，惟满人能为之，咄咄怪事。）其余掌院学士、宗人府、都察院、通政司、大理寺、太常寺、太仆寺、光禄寺、鸿胪寺、国子监、銮仪卫诸衙门缺额，未暇细数。要之，皆满缺多于汉缺，无一得附平等之义者，是其出仕之途，以汉视满，不啻霄壤云泥之别焉。故常有满、汉人同官同年同署，汉人则积滞数十载，不得迁转，满人则俄而侍郎，俄而尚书，俄而大学士矣。纵曰满洲王气所钟，如汉之沛（今江苏沛县），明之濠（今安徽凤阳县），然未有绵延数百年，定为成例，竟以王者

邹
容

一隅，抹煞天下之人才，至于斯极者也。向使嘉、道、咸、同以来，其手奏中兴之绩者，非出自汉人之手，则各省督、抚、府、道之实缺，其不为满为攫尽也几希矣。又使非军兴以来，杂以保举、军功、捐纳，以争各部满司员之权利，则汉人几绝于仕途矣。至于科举清要之选，虽汉人居十之七八，然主事则多额外，翰林则益清贫，补缺难于登天，开坊类乎超海，不过设法虚縻之，以戢其异心；又多设各省主考、学政，及州县教官等职，俾以无用之人，治无用之事而已。即幸而亿万人中，有竟登至大学士、尚书、侍郎之位者，又皆头白齿落，垂老气尽，分余沥于满人之手。然定例汉人必由翰林出身，始堪大拜，而满人则无论出身如何，均能资兼文武，位兼将相，其中盖有深意存焉。呜呼！我汉人最不平之事，孰有过于此哉！虽然，同种待异种，是亦天演之公例也。

然此仅就官制一端而言也。至乃于各行省中，择其人物之胼罗，土产之丰阜，山川之险要者，命将军都统治之，而汉人不得居其职。又令八旗子弟驻防各省，另为内城以处之，若江宁，若成都，若西安，若福州，若杭州，若广州，若镇江等处，虽阅年二百有奇，而满自满，汉自汉，不相错杂，盖显然有贱族不得等伦于贵族之心。且试绎驻防二字之义，犹有大可惊骇者，得毋时时恐汉人之叛我，而羁束之如盗贼乎？不然，何为而防，又何为而驻也？又何为驻而防之也？

满人中有建立功名者，取王公如拾芥，而汉人则大奴隶如曾国藩、左宗棠、李鸿章之伦，残杀数百万同胞，挈东南半壁，奉之满洲，位不过封侯而止。又试读其历朝圣训，遇稍著贤声之一二满大臣，奖借逾恒，真有一德一心之契；而汉人中虽贤如杨名时、李绂、汤斌等之驯静奴隶，亦常招谴责挫辱不可向迩。其余抑扬高下，播弄我汉人之处，尤难枚举。

我同胞不见夫彼所谓八旗子弟、宗室人员、红带子、黄带子、贝子、贝勒者乎？甫经成人，即有自然之禄俸，不必别营生计，以赡其身家，不必读书向道以充其识力，由少爷而老爷、而大老爷、而大人、而中堂，红顶花翎，贯摇头上，尚书侍郎，殆若天职。反汉人而观之，夫亦可思矣。

中国人群，向分为士农工商。士为四民之首，曰士子，曰读书人。吾见夫欧美人无人不读书，即无人不为士子。中国人乃特而别之曰士子，曰读书人。故吾今亦特言士子，特言读书人。

中国士子者，实奄奄无生气之人也，何也？民之愚不学而已，士之愚则学非所学而益愚，而贼满人又多方困之，多方辱之，多方汩之，多方虿之，多方贼之，待其垂老气尽，陶然躯壳，而后鞭策指挥焉。困之者何？困之以八股、试帖、楷摺，俾之穷年矻矻，不暇为经世之学。辱之者何？辱之以童试、乡试、会试、殿试（殿试时无座位，待人如牛马）。俾之行同乞丐，不复知人间有羞耻事。汩之者何？汩之以科名利禄，俾之患得患失，不复有仗义敢死之风。虿之者何？虿之以痒序卧碑，俾之柔静愚鲁，不敢有议政著书之举。贼之者何？贼之以威权势力，俾之畏首畏尾，不敢为乡曲豪举游侠之雄。牵连之狱，开创于顺治；（朱国治巡抚江苏，以加钱粮，株连诸生百余人。）文字之狱，滥觞于乾隆。（十全老人以一字一语，征诛天下，群臣震恐。）以故海内之士，莘莘济济，鱼鱼雅雅，衣冠俎豆，充牣儒林，抗议发愤之徒绝迹，慷慨悲咤之声不闻，名为士人，实则死人之不若。《佩文韵府》也，《渊鉴类函》也，《康熙字典》也，此文人学士所视为拱璧连城之大类书也。而不知康熙、乾隆之时代，我汉人犹有仇视满洲人之心思，彼乃集天下名人，以为此三书，以借此销磨我汉人革命复仇之锐志焉。（康熙开千叟宴数次，命群臣饮酒赋诗，均为笼络人起见。）噫吁嘻！吾言至此，吾不禁投笔废书而叹曰："朔方健儿好身手，天下英雄入彀中。"好手段！好手段！吾不禁五体投地，顿首稽颡，恭维拜服满洲人压制汉人、笼络汉人、驱策汉人、抹煞汉人之好手段！好手段！

中国士人，又有一种岸然道貌，根器特异，别树一帜，以号于众者，曰汉学、曰宋学、曰词章、曰名士。汉学者流，寻章摘句，笺注训诂，为六经之奴婢，而不敢出其范围。宋学者流，日守其五子《近思录》等书，高谈其太极、无极、性功之理，以求身死名立，于东西庑上一啖冷猪头。词章者流，立其桐城、阳湖之门户流派，大唱其姹紫嫣红之滥调排腔。名士者流，用其一团和气，二等才情，三斤酒量，四季衣服，五声音律，六品官队，七言诗句，八面张罗、九流通透，十分应酬之大本领，钻营奔竞，无所不至。此四种人，日演其种种之话剧，奔走不遑，而满州人又恐其顿起异心也，乃特设博学鸿词一科，以一网打尽焉。近世又有所谓通达时务者，拓腐败报纸之一二语，袭皮毛西政之二三事，求附骥尾于经济特科中，以进为满洲人之奴隶，欲求不得。又有所谓激昂慷慨之士，日日言民族主义，言破坏目的，其言非不痛哭流涕也，然奈痛哭流涕何。悲夫！悲夫！吾揭吾同胞腐败之现象至此，而究其至此之原因，吾敢曰半自为之，半满洲人造之。呜呼！呜呼！刀加吾颈，枪指吾胸，吾敢曰半自为

之，半满洲人造之。

某之言可以尽吾国士人之丑态者曰："复试而几案不具，待国士如囚徒，赐宴而尘饭涂羹，视文人如犬马，簪花之袍，仅存腰幅，棘围之膳，卵作鸭烹，一入官场，即成儿戏。是其于土地，名为恩荣，而实羞辱者，其法不行也。由是士也，髫龄入学，皓首穷经，夸命运祖宗风水之灵，侥房师主司知音之幸，百折不磨，而得一第，其时大都在强仕之年矣。而自顾余生吃着，犹不沾天位天禄毫末忽厘之施，于此而不鱼肉乡愚，威福梓里，或恤今冤而不包词讼，或顾廉耻而不打抽丰，其何能赡养室家，撑持门户哉？"痛哉斯言！善哉斯言！为中国士人之透物镜，为中国士人之活动大写真（即影戏）。然吾以为处今之日，处分之时，此等丑态，当绝于天壤也。既又闻人群之言曰："某某入学，某某中举，某某报捐。"发财作官之一片喊声，犹是嚣嚣然于社会上。如是如是上海之滥野鸡；如是如是北京之滑兔子；如是如是中国之腐败士人。嗟夫！吾非好为此奸酸刻薄之言，以骂尽我同胞，实吾国士人荼毒社会之罪，有不能为之怒。《春秋》责备贤者，我同胞盍醒诸！

今试游于穷乡原野之间，则见无鬶其面目，泥其手足，荷锄垄畔，终日劳劳，而无时或息者，是非我同胞之为农者乎？若辈受田主土豪之虐待不足，而满洲人派设官吏，多方刻之，以某官括某地之皮，以某官吸某民之血，若昭信票，摊赔款，其尤著者也。是故一纳赋也，加以火耗，加以钱价，加以库平，一两之税，非五六两不能完，务使之鬻妻典子而后已。而犹美其名曰薄赋，曰轻税，曰皇仁。吾不解薄赋之谓何？轻税之谓何？若皇仁之谓，则是盗贼之用心，杀人而曰救人也。嘻！一国之农，为奴隶于贼满人下而不敢动，是非贼满人压制汉人之好手段？呜呼！呜呼！刀加吾颈，枪指吾胸，吾敢曰贼满人压制汉人之好手段。

不见乎古巴诱贩之猪仔，海外被虐之华工，是又非吾同胞之所谓工者乎？初则见拒于美，继又见拒于檀香山、新金山等处，饥寒交逼，葬身无地，以堂堂中国之民，竟欲比茸发重唇之族而不可得，谁实为之，至此极哉？然吾闻之，外国工人，有干涉国政，倡言自由之说，以设立民主为宗旨者。有合全国工人，成一大会，定法律以保护工业者。有立会演说，开报馆，倡社会之说者。今一一转询中国有之乎？曰，无有也。又不见乎杀一教士而割地偿款，骂一外人而劳上谕动问。而我同胞置身海外，受外人不忍施之禽兽者之奇辱，则满洲政治殆盲于目聋于耳者焉。夫头同是圆，足同是方，而一则尊贵如此，一则卑贱如此。呜呼！呜呼！刀加吾颈，枪指吾胸，吾敢曰满洲人之虐待我。

抑吾又闻之，外国之富商大贾，皆为议员执政权，而中国则贬之曰末务，卑之曰市井，贱之曰市侩，不得与士大夫伍，乃一旦偿兵费，赔教案，甚至供玩好、养国蠹者，皆莫不取之于商人。若者有捐，若者有税，若者加以洋关而又抽以厘金，若抽以厘金而又加以洋关。震之以报效国家之名，诱之以虚衔封典之荣，公其词则曰派，美其名则曰劝，实则敲吾同胞之肤，吸吾同胞之髓，以供其养家奴之费，修颐和园之用而已。吾见夫吾同胞之不与之计较也自若。呜呼！呜呼！刀加吾颈，枪指吾胸，吾敢曰满洲人之敲吾肤，吸吾髓。

以言夫中国之兵，则又有不可忍言者也。每月三金之粮饷，加以九钱七之扣折，与之以朽腐兵器，位置其一人之身命，驱而使之战，不聚歼其兵，而馈饷于敌，夫将焉往。及其死伤也，则委之而去，视之罪所应尔。旌恤之典，尽属虚文，妻子衰望，莫之或问。即或幸而不死，则遣以归农，扶伤裹创，生计乏绝，流落数千里外，沦为乞丐，欲归不得；而杀游勇之令，又特立严酷。似此残酷之事，从未闻有施之于八旗驻防者。嗟夫！嗟夫！吾民何辜，受此惨毒，始也欲杀之，终也欲杀之，上薄苍天，下彻黄泉，不杀不尽，不尽不快，不快不止。呜呼！呜呼！刀加吾颈，枪指吾胸，吾敢曰满洲人之残杀我汉人。

文明国中，有一人横死者，必登新闻数次，甚至数十次不止。司法官审问案件，即得有实凭实据，非犯罪人亲供不能定罪，（于审问时，无用刑审问理。）何也？重生命也。吾见夫吾同胞每年于贼满人借刀杀人滥酷刑法之下者不知凡几，贼满人之用苛刑于中国，言之可丑可痛，天下怨积，内外咨嗟。华人入籍外邦，如避水火。租界必思会审，如御虎狼。乃或援引故事虚文，而顿忘眼前实事。不知今无灭族，何以移亲及疏？今无肉刑，何以毙人杖之？今无拷讯，何以苦打成招？今无滥苛，何以百毒备致？至若监牢之刻，狱吏之惨，犹非笔墨所（能）形容。即比以九幽十八狱，恐亦有过之无不及，而贼满人方行其农忙停讼、执审减刑之假仁假义以自饰。呜呼！呜呼！刀加吾颈，枪指吾胸，吾敢曰贼满人之屠戮我。

若夫官吏之贪酷，又非今世界文字语言所得而写拟言论者也。悲夫！乾隆之圆明园，已化灰烬，不可凭藉。如近日之崇楼杰阁，巍巍高大之颐和园，问其间一瓦一砾，何莫非刻刻括吾汉人之膏脂，以供一卖淫妇那拉氏之笑傲。夫暴秦无道，作阿房宫，天下后世尚称其不仁，于圆明

邹容

园何如？于颐和园何如？我同胞不敢道其恶者，是可知满洲政府专制之极点。

开学堂，则曰无钱矣；派学生，则曰无钱矣；有丝毫利益于汉人之事，莫不曰无钱矣，无钱矣。乃无端而谒陵修陵，则有钱若干；无端而修宫园，则有钱若干；无端而作万寿，则有钱若干。同胞乎！盍思之？

"量中华之物力，结友邦之欢心"，是岂非煌煌上谕之言哉！中国者，中国人之中国也。割我同胞之土地，抢我同胞之财产，以买其一家一姓五百万家奴一日之安逸，此割台湾、胶州之本心，所以感发五中矣！咄咄怪事！我同胞看者！我同胞听者！

吾读《扬州十日记》《嘉定屠城记》，吾读未尽，吾几不知流涕之自出也！吾为言以告我同胞曰：扬州十日，嘉定三屠，又是岂当日贼满人残戮汉人一州一县之代表哉！夫二书之记事，不过略举一二耳。想当日既纵焚掠之军，又严剃发之令，贼满人铁骑所至，屠杀虏掠，必有十倍于二地者也。有一有名之扬州、嘉定，有千百无名之扬州、嘉定，吾忆之，吾恻动于心，吾又忍而不能不为同胞告也。

《扬州十日记》有云："初二日，传府道州县已置官吏，执安民牌，遍谕百姓，毋得惊惧。又谕各寺院僧人，焚化积尸。而寺院中藏匿妇女，亦复不少，亦有惊饿死者。查焚尸载籍，不过八日，共八十余万，其落井投河、闭门焚缢者不与焉。"

吾又为言以告我同胞曰：贼满人人关之时，被贼满人屠杀者，是非吾高曾祖之高曾祖乎？是非吾高曾祖之高曾祖之伯叔兄舅乎？被贼满人奸淫者，是非吾高曾祖之高曾祖之妻之女之姊妹乎？……《记》曰："父兄之仇，不共戴天。"此三尺童子所知之义。故子不能为父兄报仇，以托诸其子，子以托诸孙，孙又以托诸玄来礽。是高曾祖之仇，即吾今父兄之仇也。父兄之仇不报，而犹厚颜以事仇人，日日言孝弟，吾不知孝弟之果何在也？高曾祖若有灵，必当不瞑目于九泉。

中国之有孔子，无人不尊崇为大圣人也。曲阜孔子庙，又人人知为礼乐之邦，教化之地，拜拟不置，如耶稣之耶路撒冷也。乃贼满人割胶州于德，而请德人侮毁我尧、舜、禹、汤、文、武、周公遗教之地，生民未有神圣不可侵犯之孔子之乡，使神州四万万众，无教化而等伦于野蛮，是谁之罪欤？夫耶稣教新旧相争，犹不惜流血数百万人，我中国人何如？

一般服从之奴隶，有上尊号，崇谥法，尊谥为圣祖仁皇帝、高宗纯皇帝者。故在黑暗之时代，所号为令主贤君，及观《南巡录》所纪，实则淫房，鸟兽洪水，泛滥中国。（乾隆欲食黄角蜂，由张家口递至扬州，三日而至，于此可见其奢侈。）嗟夫！竭数省之民力，以供觉罗玄烨（即康熙）、觉罗弘历（即乾隆）二民贼之行止，方之隋炀、明武为比例差，吾不知其相去几何。吾曾读《隋炀艳史》，吾安得其人再著一《康熙乾隆南游史》，揭其禽兽之行，暴著天下。某氏以法王路易十四比乾隆，吾又不禁拍手不已，喜得其酷肖之神也。

主人之转卖其奴也，尚问其愿不愿，今以我之土地送人，并不问之，而私相授受，我同胞亦不与之计之较之，反任之听之。若台湾，若香港，若大连湾，若旅顺，若胶州，若广州湾，于未割让之先，于既割让之后，从未闻有一纸公文，布告天下。我同胞其自认为奴乎？吾不得而知之。此满洲人大忠臣荣禄，所以有"与其授家奴，不如赠邻友"之言也。

牧人之畜牛马也，牛马何以受治于人？必曰人为万物之灵，天下只有人治牛马之理。今我同胞，受治于贼满人之胯下，是即牛马之受治于牧人也。我同胞虽欲不自认为牛马，而彼实以牛马视吾。何以言之？有证在。今各府州县，苟有催租劝捐之告示出，必有"受朝廷数百年豢养深恩，力图报效"等语，煌煌然大贴于十字街衢之上，此识字者所知也。夫曰豢养也，即畜牧之谓也。吾同胞自食其力也，彼满洲人抢吾之财，攘吾之土，不自认为贼，而犹以牛马视吾。同胞乎！抑自居乎？抑不自居乎？

满洲人又有言曰："二百年食毛践土，深仁厚泽，浃髓沦肌。"中国者，中国人之中国也，非贼满人所得而固有也。夫谁食谁之毛？谁践谁之土，不待辨别而自知。贼满人之为此言也，抑反言欤？抑实谓欤？请我同胞自道之。贼满人入关二百六十年，食吾同胞之毛，践吾同胞之土，吾同胞之深仁厚泽，沦其髓，浃其肌。吾同胞小便后，满洲人为我吸余尿，吾同胞大便后，满洲人为我舐余粪，犹不足以报我豢养深恩于万一。此言也，不出于我同胞之口，而反出诸满洲人之口，丧心病狂，至于此极耶？

山海关外之一片地曰满洲，曰黑龙江，曰吉林，曰盛京，是非贼满人所谓发祥之地，游牧之地，贼满人固当竭力保守者也，今仍再拜顿首奉献于俄罗斯。有人焉，己不能自保，而犹望其保人，其可得乎？有人焉，不爱惜己之物，而犹望其爱惜人之物，其又可得乎？

拖辫发，着胡服，踽踽而行于伦敦之市，行人莫不曰 Pig tail（译言猪尾）、Savage（译言野蛮）者何以哉？又踽踽而行于东京之市，行人莫不曰チセンチセンホツ（译曰拖尾奴才）者何为哉？嗟夫！汉官威仪，扫地

邹容

171

殆尽，唐制衣冠，荡然无存。吾抚吾所衣之衣，所顶之发，吾恻痛于心；吾见迎春时之春官衣饰，吾恻痛于心；吾见出殡时之孝子衣饰，吾恻痛于心；吾见官吏出行时，荷刀之红绿衣，喝道之皂隶，吾恻痛于心。辫发乎！胡服乎！开气袍乎！花翎乎！红顶乎！朝珠乎！为我中国文物之冠裳乎？抑打牲游牧贼满人之恶衣服乎？我同胞自认。

贼满人入关，所下剃头之令，其略曰："向来剃头之制不急，姑听自便者，欲俟天下大定，始行此事，朕已筹之熟矣。君犹父也，民犹子也，父子一体，岂可违异，若不归一，不几为异国人乎？自今布告之后，京城限旬日，直隶各省地方，自部文到日，亦限旬日，尽行剃头。若惜发争辩，决不轻贷。"呜呼！此固我皇汉人种，为牛为马，为奴为隶，抛汉唐之衣冠，去父母之发肤，以服从满洲人之一大纪念碑也！同胞！同胞！吾愿我同胞日日一读之！

娼妓之于人也，人尽可以为夫，皆为博缠头计也。我之为贼满人顺民，为贼满人臣妾，从未见益我以多金。即有入其利禄诱导之中，登至尚书总督之位，要皆以同胞括蚀同胞，而贼满人仍一毛不拔自若也！呜呼！我同胞何娼妓之不若！

吾同胞今日之所谓朝廷，所谓政府，所谓皇帝者，即吾畴昔之所谓曰夷、曰蛮、曰戎、曰锹、曰匈奴、曰鞑靼。某部落居于山海关之外，本与我黄帝神明之子孙不同种族者也。其土则秽壤，其人则膻种，其心则兽心，其俗则蠡俗，其文字不与我同，其语言不与我同，其衣服不与我同，逞其凶残淫杀之威，乘我中国流寇之乱，闯入中原，盘踞上方，驱策汉人，以坐食其福，故祸至则汉人受之，福至则满人享之。太平天国之亡也，以汉攻汉，山尸海血，所保者满人。甲午战争之起也，以汉攻倭，偿款二百兆，割地一行省，所保者满人。团匪之乱也，以汉攻洋，血流津、京，所保者满人。故今日强也，亦满人强耳，于我汉人无与焉。故今日富也，亦满人富耳，于我汉人无与焉。同胞！同胞！毋引为己类。贼满人刚毅之言曰："汉人强，满人亡。"彼族之明此理久矣！愿。我同胞，当蹈其言，毋食其言。

以言夫满洲人之对待我者固如此，以言夫我同胞之受害也又如彼。同胞！同胞！知所感乎！知所择乎！夫犬羊啮骨，犹嫌鲠喉，我同胞受此种种不平之感，殆有若铜驼石马者焉。然而贼满人之奴隶我者，尚不止此。吾心之所欲言者，而口不能达之，口之所能言者，而笔不能宣之。吾今发一誓言以告人曰：有举满人对待我同胞之问题，以难于吾者，吾能杂搜博引，细说详辩，揭其隐衷微意，以著于天下。吾但愿我身化为恒河沙数，一一身中出一舌，一舌中发一音，以演说贼满人驱策我、屠杀我、奸淫我、笼络我、虐待我之惨状于我同胞前。我但愿我身化为无量恒河沙数名优巨伶，以演出贼满人驱策我、屠杀我、奸淫我、笼络我、虐待我之活剧于我同胞前。

且夫我中国固具有囊括宇内，震耀全球，抚视万国，凌轹五洲之资格者也。有二百万方里之土地，有四百兆灵明之国民，有五千年余之历史，有二帝三王之政治。且也地处温带，人性聪均，物产丰饶，江河源富，地球各国所无者，我中国独擅其有。倘使不受奴儿哈齐、皇太极、福临诸恶贼之蹂躏，早脱满洲人之羁缚，吾恐英吉利也，俄罗斯也，德意志也，法兰西也，今日之张牙舞爪以蚕食瓜分于我者，亦将进气敛息以惮我之威权，惕我之势力。……今乃不出于此，而为地球上数重之奴隶。使不得等伦于印度红巾（上海用印度人为巡捕），斐洲黑奴。吁！可惨也！嘻！可悲也！夫亦大可丑也！夫亦大可耻也！呜呼！"灭六国者，六国也，非秦也；族秦者，秦也，非天下也。"满洲人亡我乎？抑我自亡乎？古人曰："往者不可谏，来者犹可追。"昨日之中国，譬犹昨日死；今日之中国，譬犹今日生。过此以往，其光复中国乎？其为数重奴隶乎？天下事不兴则亡，不进则退，不自立则自杀，徘徊中立，万无能存于世界之理，我同胞速择焉。我同胞处今之世，立今之日，内受满洲之压制，外受列国之驱迫，内患外侮，两相刺激，十年灭国，百年灭种，其信然夫，然近人有言曰："欲御外侮，先清内患。"如是！如是！则贼满人为我同胞之公敌，为我同胞之公仇，二百六十余年之奴隶犹能脱，数十年之奴隶勿论已，吾今与同胞约曰：张九世复分之义，作十年血战之期，磨吾刃，建吾旗，各出其九死一生之魄力，以驱逐凌辱我之贼满人，压制我之贼满人，屠杀我之贼满人，奸淫我之贼满人，以恢复我声明文物之祖国，以收回我天赋之权利，以挽回我有生以来之自由，以购取人人平等之幸福。

噫！吁嘻！我中国其革命！我中国其革命！法人三次，美洲七年，是故中国革命亦革命，不革命亦革命。吾愿日日执鞭，以从我同胞革命，吾祝我同胞革命。

"忍令上国衣冠，沦于夷狄；相率中原豪杰，还我河山。"我同胞其有是志也夫？

第三章　革命之教育

有野蛮之革命，有文明之革命。

野蛮之革命，有破坏，无建设，横暴恣狙，适足以造成恐怖之时代，如庚子之义和团，意大利之加波拿里，为国民增祸乱。

文明之革命，有破坏，有建设，为建设而破坏，为国民购自由平等独立自主之一切权利，为国民增幸福。

革命者，国民之天职也，其根底源于国民，因于国民，而非一二人所得而私有也。今试问侪何为而革命？必有障碍吾国民天赋权利之恶魔焉，吾侪得而扫除之，以复我天赋之权利。是则革命者，除祸害而求幸福者也。为除祸害而求幸福，此吾同胞所当顶礼膜拜者也。为除祸害而求幸福，则是为文明之革命，此更吾同胞所当顶礼膜拜者也。

欲大建设，必先破坏。欲大破坏，必先建设。此千古不易之定论。吾侪今日所行之革命，为建设而破坏之革命也。虽然，欲行破坏，必先有以建设之。善夫，意大利建国豪杰玛志尼之言曰："革命与教育并行。"

吾于是鸣于我同胞前曰："革命之教育"，更译之曰："革命之前，须有教育，革命之后，须有教育。"

今日之中国，实无教育之中国也。吾不忍执社会上种种可丑可贱可厌可嫌之状态以出于笔下。吾但谥之曰，五官不具，四肢不全，人格不完。吾闻法国未革命以前，其教育与邻邦等；美国未革命之前，其教育与英国人等；此兴国之往迹，为中国所未梦见也。吾闻印度之亡也，其无教育与中国等；犹太之灭也，其无教育与中国等，此亡国之往迹也，我中国擅其有也。不宁惟是，十三洲之独立，德意志之联邦，意大利之统一，试读其革命时代之历史，所以鼓舞民气，宣战君主，推倒母国，诛杀贵族，倡言自由，力尊自治，内修战事，外抗强邻，上自议院宪法，下至地方制度，往往于兵连祸结之时，举国糜烂之日，建立宏猷，体国经野，以为人极。一时所谓革命之健儿，建国之豪杰，流血之巨子，其道德，其智识，其学术，均具有振衣昆仑顶，濯足太平洋之概焉。吾崇拜之，吾倾慕之。吾究其所以致此之原因，要不外乎教育耳。若华盛顿，若拿破仑，此地球人种所推尊之大豪杰者也。然一华盛顿，一拿破仑倡之，而无百千万亿兆华盛顿、拿破仑和之，华盛顿何如？拿破仑何如？

其有愈于华、拿二人之才之识之学者又何如？有有名之英雄，有无名之英雄，华、拿者，不过其抛头颅洒热血无名无量之华、拿之代表者耳。今日之中国，固非一华盛顿、一拿破化所克有事也。然必预制造无量无名之华盛顿拿破仑，其庶乎有侪。吾见有爱国忧时之志士，平居深念，自尊为华、拿者若而人，其才识之愈于华拿与否，吾不敢知之，吾但以有名之英雄尊之。而此无量无名之英雄，则归诸冥冥之中，甲以尊诸乙，乙又以尊诸丙，呜呼，不能得其主名者也。今专标斯义，扩大斯旨，相约数事，以与我同胞共勉之。

一、当知中国者，中国人之中国也。中国之一块土，为我始祖黄帝所遗传，子子孙孙，绵绵延延，生于斯，长于斯，衣食于斯，当共守其勿替。有异种贱族染指于我中国，侵占我皇汉民族之一切权利者，吾同胞当不惜生命共逐之，以复我权利。

一、人人当知平等自由之大义。有生之初，无人不自由，无人不平等，初无所谓君也，所谓臣也。若尧、舜，若禹、稷，其能尽义务于同胞开莫大之利益以孝敬于同胞，故吾同胞视之为代表尊之为君，实不过一团体之头领耳，而平等自由也自若。后世之人不知此义，一任无数之民贼独夫，大盗巨寇，举众人所有而独有之，以为一家一姓之私产，而自尊曰君，曰皇帝，使天下之人无一平等，无一自由，甚至使成吉思汗、觉罗福临等，以游牧贱族入主我中国，以羞我黄帝始祖于九泉。故我同胞今日之革命，当共逐君临我之异族，杀尽专制我之君主，以复我天赋之人权，以立于性天智日之下，以与我同胞熙熙攘攘，游幸于平等自由城郭之中。

一、当有政治法律之观念。政治者，一国办事之总机关也，非一二人所得有之事也。譬如机器，各机之能运动，要在一总枢纽，倘使余机有损，则枢机不灵。人民之于政治，亦犹是也。然人民无政治上之观念，则灭之随之，鉴于印度，鉴于波兰，鉴于已亡之国罔不然。法律者，所以凡为我同胞，使之相无过失耳。曰："野蛮人无自由。"野蛮人何以无自由？无法律之谓耳。我能杀人，人亦能杀我，是两不自由也。条顿人之自治力驾于他种人者何？有法律之观念故耳。

一曰养成上天下地惟我自尊独立不羁之精神。

一曰养成冒险进取赴汤蹈火乐死不避之气概。

一曰养成相亲相爱爱群敬己尽瘁义务之公德。

一曰养成个人自治团体自治以进人格之人群。

邹容

第四章　革命必剖清人种

地球之有黄白二种，乃天予之以聪明才武两不相下之本质，使之发扬蹈厉，交战于天演界中，为亘古角力较智之大市场，即为终古物竞进化之大舞台。夫人之爱其种也，必其内有所结而后外有所排，故始焉自结其家庭以排他家族，继焉自结其乡族以排他乡族，继焉自结其部族以排他部族，终焉自结其国族以排他国族。此世界人种之公理，抑亦人种产历史之一大原因也。吾黄种，吾黄种之中国之皇汉人种，吾就东洋历史上能相结相排之人种为我同胞述之，使有所观感焉。

亚细亚黄色人种。约另为二种：曰中国人种、曰西伯利亚人种。

中国人种，蔓延于中国本部、西藏以及印度一带地方，更详别三族。

第一汉族，汉族者，东洋史上最特色之人种，即吾同胞是也。据中国本部，栖息黄河沿岸，而次第蕃殖于四方。自古司东亚文化之木铎者，实惟我皇汉民族焉。朝鲜、日本亦为我汉族所蕃殖。

第二西藏族，自西藏蔓延克什米尔、尼八剌及缅甸一带地方。殷周时之氐羌，秦汉时之月氏，唐之吐蕃，南宋之西夏等皆属此族。

第三交践支那族，自支那西南部即云南、贵州诸省而蔓延于安南暹罗等国。此族在古代拟占据中国本部，而为汉族所渐次驱逐者。周以前之苗民荆蛮，唐之南诏，盖属于此族。

西伯利亚人种，自东方亚细亚北部，蕃殖北方亚细亚一带，今更详别之，凡四族。

第四蒙古族，原蕃殖于西伯利亚之贝加尔湖东边一带，其后次第南下，今日乃自内、外蒙古蔓延天山北路一带地方。元朝由此族而起，殆将统一欧、亚；印度之莫队尔帝国亦由此而起。

第五通古斯族，自朝鲜北部经满洲而蔓延于黑龙江附近地。秦汉时之东胡，汉以后之鲜卑，隋唐之靺鞨，唐末之契丹，宋之女真等，皆属此族。今日入主我中国之满洲人，亦由此族而兴焉。

第六土耳其族，原蕃殖于内外蒙古地，后渐西移。今日则自天山南路，凡中央亚细亚一带地方，多为此族占据。周以前之獯鬻獫狁，汉之匈奴，南北朝之柔然，隋之突厥，唐之回纥等，皆属此族。今东欧之土耳其，亦此族所建。

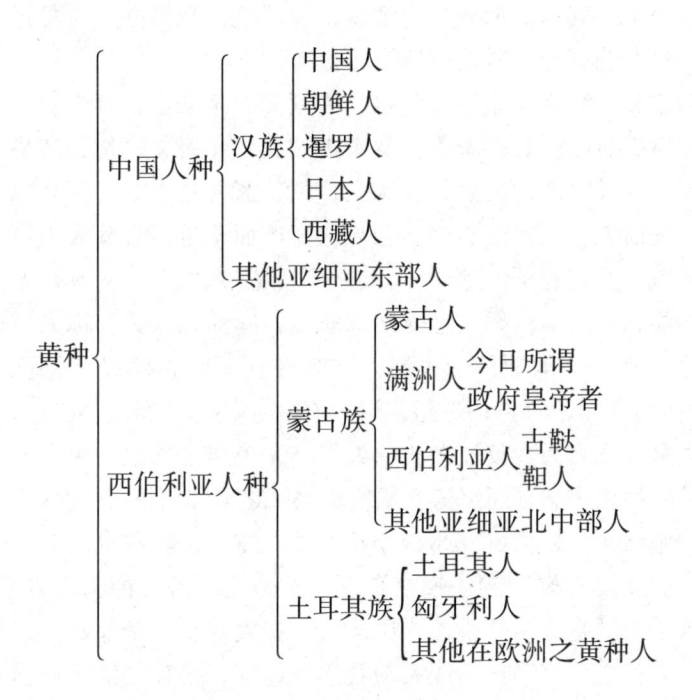

今就今日人种之能成立者，列表如左：

黄种	中国人种	汉族	中国人
			朝鲜人
			暹罗人
			日本人
			西藏人
		其他亚细亚东部人	
	西伯利亚人种	蒙古族	蒙古人
			满洲人（今日所谓政府皇帝者）
			西伯利亚人（古鞑靼人）
			其他亚细亚北中部人
		土耳其族	土耳其人
			匈牙利人
			其他在欧洲之黄种人

邹容

　　由是以观，我皇汉民族，起自黄河东北一带之地，经历星霜，四方繁衍，秦汉之世，已布满中国之全面，以中国本部为生息之乡，降及今日，人口充溢四万万，为地球绝大蕃多无有伦比之民族。其流出万里长城以外，青海西藏之地者，达一千余万之多，更进而越日本之境，或侵入北方黑龙江之左岸俄界，或达南方，进入安南、交趾、柬蒲寨、暹罗、缅甸、马来半岛，更入太平洋，侵入爪哇、美洲合众国、加拿大、秘露、伯拉，踰南洋侵入吕宋、爪哇、浡泥及澳洲、欧洲者，亦不下三四百万。无资力者孜孜励精以劳力压倒凌驾富国人民，有资力者拥数十百万之资本与欧、美之富商大贾争胜败于商战场中而不相上下。我汉族之富于扩张种族之势力者有如此，即以二十世纪世界之主人翁推尊我汉族，吁，亦非河汉之言也。

　　呜呼我汉种！是岂飞扬祖国之汉种，是岂独立亚细亚之汉种，是岂为伟大国民之汉种！呜呼汉种！汉种虽众，适足为他种人之奴隶；汉地虽广，适足供他种人之栖息。汉种汉种，不过为满洲人恭顺忠义之臣民；汉种汉种，又由满洲人介绍为欧美各国人之奴隶。吾宁使汉种亡尽杀尽死

尽，而不愿其享升平盛世，歌舞山河，优游于满洲人之胯下！吾宁使汉种亡尽杀尽死尽，而不愿其为洪承畴，为细崽，为通事，为买办，为翻译于地球各国人之下！吾悲汉种，吾先以种族之念觉汉种。

执一人而谓之曰，汝之父非真汝父也，为汝父者某某也，其人莫不立起而怒，以诘其直而后已。又一家人，父子夫妇兄弟相居无事也，忽焉来一强暴，入其室，据其财产，又奴其全家人，则其家人莫不奋力死斗以争回原产而后已。夫语人有二父而不怒，夺人之家产而不争，是其人不行尸走肉，即僵尸残骸。吾特怪吾同胞以一人所不能忍受之事，举国人忍受之，以一家所不能忍受之事，举族忍受之。悲夫！满洲人入关，称大清顺民，联军破北京，称某某国顺民。香港人立维多利亚纪念碑曰"德配天地"，台湾人颂明治皇功德曰"德广皇仁"。前之为大金、大元、大辽、大清朝之顺民既去矣，今之为大英、大法、大俄、大美国之顺民又来。此无他，不明于同种异种之观念，而男盗女娼羞祖辱宗之事亦何不可为！

吾正告我同胞曰，昔之禹贡九州，今日之十八省，是非我皇汉族嫡亲同胞，生于斯，长于斯，聚国族于斯之地乎？黄帝之子孙，神明之胄裔，是非我皇汉民族嫡亲同胞之名誉乎？中国华夏，蛮夷戎狄，是非我皇汉民族嫡亲同胞区分人种之大经乎？满洲人与我不通婚姻，我犹是清清白白黄帝之子孙也。夫人之于家庭，则莫不相亲相爱，对异性则不然，有感情故耳。我同胞岂忍见此莫大之奇辱而无一毫感情动于中耶？爱尔兰隶于英，以人种稍异故，数与英人争，卒得其自治而后已。谚曰："非我族类，其心必异。"又曰："狼子野心，是乃狼也。"我同胞其三复斯言！我同胞其有志跳身大海洋中，涌大海大洋之水，以洗洁我同胞羞祖辱宗男盗女娼之大耳大辱乎？

第五章　革命必先去奴隶之根性

曰国民，曰奴隶。国民强，奴隶亡；国民独立，奴隶服从。中国黄龙旗之下，有一种若国民非国民，若奴隶非奴隶，杂糅不一以组织成一大种。谓其为国民乎？吾敢谓群四万万人居者，即具有完全之奴颜妄面，国民乎何有？尊之以国民，其污秽此优美之名词也孰甚？若然，则以奴隶畀之。吾敢拍手叫绝：奴隶者，为中国人不雷同、不普通，独一无二之徽号！

邹容

印度之奴隶于英也，非英人欲奴隶之；印人自乐为奴隶也；安南之奴隶于法也，非法奴隶之，安南人自乐为奴隶也；我中国人之奴隶于满洲欧美人也，非满洲欧美欲奴隶之，中国人自乐为奴隶耳。乐为奴隶，则请释奴隶之例。

奴隶者，与国民相对待而不耳于人类之贱称也；国民者，有自治之才力，有独立之性质，有参政之公权，有自由之幸福，无论所执何业而皆得为完全无缺之人。曰奴隶由之幸福，无论所执何业而皆得为完全无缺之人。曰奴隶也，则无自治之力，亦无独立之心，举凡饮食男、女衣服居处，莫不待命于主人，而天赋之人权，应享之幸福，亦莫不奉之主人之乎。衣主人之衣，食主人之食，言主人之言，事主人之事，依赖之外无思想，服从之外无性质，谄媚之外无笑语，奔走之外无事业，侍候之外无精神。呼之不敢不来，麾之不敢不去，命之生不敢不生，命之死不敢不死。得主人之一盼，博主人之一笑，如获异宝，登天堂，夸耀于侪辈以为荣。及撄主人之怒，则俯首屈膝，气下股栗，至极其鞭扑践踏，不敢有分毫抵忤之色，不敢生分毫愤奋之心。他人视为大辱不能一刻忍受，而彼无怒色，无忤容，怡然安其本分，乃几不复自为人。而其人亦为国人所贱耻，别为异类，视为贱种，妻耻以为夫，父耻以为子，弟耻以为兄，严而逐之于平民之外。此固天下奴隶之公同性质，而天下之视奴隶者，皆无不同此贱视者也。我中国人固擅奴隶之所长，父以教子，兄以勉弟，妻以谏夫，日日演其惯为奴隶之手段。呜呼！人何幸而为奴隶哉，亦何不幸而为奴隶哉！

且夫我中国人之乐为奴隶，不自今日始也。或谓秦、汉以前有国民，秦汉以后无国民。吾谓宴思于专制政体之下者，无所往而非奴隶。数千年来，名公巨卿，老师大儒，所以垂教万世之二大义，曰忠，曰孝，更释之曰忠于君，孝于亲。吾不解忠君之谓何！吾见夫法、美等国之无可忠也，而斯民遂不得等伦于人类耶？吾见夫法、美等国之无君可忠，而其国人尽瘁国事之义务殆一日不可缺焉。夫忠也、孝也，是固人生重大之美德也，以言夫忠于国也则可，以言夫忠于君也则不可。何也？人非父母无以自生，非国无以自存，故对于父母国家，自有应尽之义务焉，而非为一姓一家之家奴走狗所得冒其名以相传习也。

中国人无历史，中国人之所谓二十四朝之史，实一部大奴隶史也。自汉末以迄今日，凡千七百余年，中国全土为奴隶于异种者358年，黄河以北，为奴隶于异种者759年。呜呼！黄帝之子孙，忍令率其嫡亲之同胞，

举其世袭之土地，为他族所奴隶者，何屡见而不一！箪食壶浆，以迎王师，纡青拖紫，臣妾骄人，二圣青衣行酒去，九歌白马渡江来，忠君忠君，此张弘范、洪承畴之所以前后辉映也，此中国人之所以为奴隶也。

曾国藩也，左宗棠也，李鸿章也，此大清朝皇帝所谥为文正、文襄、文忠者也，此当道名人所推尊为中兴三杰，此庸夫俗子所羡为封侯拜相，此科举后生所悬拟崇拜不置。然吾闻德相毕士麻克呵李鸿章曰："我欧洲人以平异种为功，未闻以残戮同胞为功。"嗟呼！吾安得起曾左而闻是言，吾安得起曾、左以前之曾左而共闻是言，吾安得起曾左以后之曾左，上自独当一面之官府，下至不足轻重之官吏而亦共闻是言！夫曾左李三人者，亦自谓为读书有得，比肩贤哲之人也，而犹忍心害理，屠戮同胞，为满洲人忠顺之奴隶也如是，其他何足论！吾无以比之，比之以李自成、张献忠，吾犹嫌其不肖。李、张之所以杀戮同胞而使满洲人入主中国也，李张固无学识，不读书，又为明之弊政所迫而使之不得不然，吾犹为之恕。曾左李三人者，明明白白知为汉种也，为封妻荫子屠戮同胞以请满州人再主中国也，吾百解而不能为之恕。某氏谓英人助满洲平太平天国，亡汉种之罪，英人与有力焉。呜呼！是又因乌及屋之微意也。

曾左李者，中国人为奴隶之代表也。曾左李去，曾左李来。柔顺也，安分也，韬晦也，服从也，作官也，发财也，中国人造奴隶之教科书也。举一国之人，无一不为奴隶，举一国之人，无一不为奴隶之奴隶，二千年以前皆奴隶，二千年以后亦必为奴隶。同胞乎，同胞乎！法国议院中，无安南人足迹；英国议院中，无印度人足迹；日本议院中，无台湾人足迹。印度人之为奴隶也，犹得绕红布头巾，为巡捕立于上海香港之十字街头上，驱策中国人以为乐。然吾试问我同胞，曾否于地球面积上择一为巡捕之地，驱策异种人以为乐？面包一块，山芋一碟，此故非洲黑奴之旧生活也。同胞，同胞，请重思之！

吾先以一言叫起我同胞曰：国民！吾愿我同胞万众一心，全体努力，以砥以砺，拔去奴隶之根性以进为中国之国民。法人革命前之奴隶，卒收革命之成功；美洲独立前之奴隶，卒脱英人之制缚。此无他，能自认为国民耳。吾故曰，革命必先去奴隶之根性。非然者，天演如是，物竞如是，有国民之国，群起染指于我中土。我同胞其将由今日之奴隶以进为数重奴隶，由数重奴隶而猿猴，而野豕，而蚌介，而荒荒大陆，绝无人烟之沙漠也。

近人有古乐府一首，名《奴才好》云：

奴才好！奴才好！

邹容

勿管内政与外交，
大家鼓里且睡觉。
古人有句常言道，
臣当忠，子当孝，
大家切勿乱胡闹。
满洲人入关二百年。
我的奴才作惯了，
他的江山他的财，
他要分人听他好。
转瞬洋人来，
依旧要奴才。
他开矿产我作工，
他开洋行我"细崽"。
他要招兵我去当，
他要通事我也会。
内地还有"甲必丹"，
收赋汉狱荣巍巍。
满奴作了作洋奴，
奴性相传入脑胚。
父诏兄勉说忠孝，
此是忠孝他莫为。
什么流血与革命！
什么自由与均财！
狂悖都能害性命，
倔强那肯就范围！
我辈奴仆当戒之，
福泽所关慎所归。
大金大元大清朝，
主人国号已屡改；
何况大英大法大美国，
换个国号任便载。
奴才好，奴才乐，
世有强者我便服。

三分刁黠七分媚,
世事何者为龌龊!
料理乾坤世有人,
坐阅风云多反复。
灭种灭族事遥遥,
此事解人已难索。
堪笑维新诸少年,
甘走汤火蹈鼎镬。
达官震怒外人愁,
身死名败相继仆。
但识争回自主权,
岂知已非求已学!
奴才好,奴才好,
奴才到处皆为家,
何必保种与保国!

第六章 革命独立之大义

与贵族重大之权利,害人民营业之生活,擅加租赋,胁征公债,重抽航税,此英国议院所以不服查理王,而倡革命之原因也。滥用名器,致贵贱贫富之格,大相悬殊,既失保民之道,而又赋敛无度,此法国志士仁人,所以不辞暴举逆乱之名,而出于革命之原因也。重征茶课,横加印税,不待立法院之承允,而驻兵民间,此美人所以抗论于英人之前,遂以亚美利加之义旗,飘扬于般岌刺山,而大倡革命,至成独立之原因也。吾不惜再三重申说言曰:内为满洲人之奴隶,受满洲人之暴虐,外受列国人之刺激,为数重之奴隶,将有亡种殄种之难者,此吾黄帝神明之汉种,今日倡革命独立之原因也。

自格致学日明,而天予神授为皇帝之邪说可灭。自世界文明日开,而专制政体一人奄有天下之制可倒。自人智日聪明,而人人皆得有天赋之权利可享。今日,今日,我皇汉人民,永脱满洲之羁绊,尽复所失之权利,而介于地球强国之间,盖欲全我赋平等自由位置,不得不革命而保我独立之权。嗟予小子,无学顽陋,不足以言革命独立之大义,兢兢业业模拟美国革命独立之义，约为数事，再拜顿首，敬献于我最敬最爱之皇汉人种四万万同胞前，以备采行焉。如左：

一、中国为中国人之中国，我同胞皆须自认为自己的汉种中国人之中国。

一、不许异种人沾染我中国丝毫权利。

一、所有服从满洲人之义务，一律消灭。

一、先推倒满洲人所立北京之野蛮政府。

一、驱逐居住中国之满洲人，或杀以报仇。

一、诛杀满洲人所立之皇帝、以儆万世不复有专制之君主。

一、对敌干涉我中国革命独立之外国及本国人。

一、建立中央政府，为全国办事之总机关。

一、区分省分，于各省中投票公举一总议员，由各省总议员中投票公举一人为暂行大总统，为全国之代表人；又举一人为副总统。各府州县又举议员若干。

一、全国无论男女，皆为国民。

一、全国男子，有军国民之义务。

一、人人当致忠于此新建国家之义务。

一、人人有承担国税之义务。

一、凡为国人，男女一律平等，无上下贵贱之分。

一、各人不可夺之权利，皆由天授。

一、生命自由及一切利益之事，皆属于天赋之权利。

一、不得侵人自由，如言论、思想、出版等事。

一、各人权利，必需保护，须经人民公许。建设政府，而各假以权，专掌保护人民权利之事。

一、无论何时，政府所为，有干犯人民权利之事，人民即可革命，推倒旧日之政府，而求遂其安全康乐之心。迨其既得以安全康乐之后，经承公议，整顿权利，更立新政府，亦为人民应有之权利。

若建立政府之后，少有不洽众望，即欲群起革命，朝更夕改，如弈棋之不定，固非新建国家之道。天下事不能无弊，要能以平和为贵，使其弊不致大害人民，则与其颠昔日之政府，而求伸其权利，毋宁平和之为愈。然政府之中，日持其弊端暴政，相继施行，举一国人民，悉措诸专制政体之下，则人民起而覆之，更立新政府，以求遂其保全权利之心，岂非人民至大之权利，且为人民自重之义务哉！我中国人之忍苦受困，已至是极

邹容

矣！今日革命独立，而犹为专制政体所苦，则万万不得甘心者矣！此所以不得不变昔日之政体也。

一、定名中华共和国。（清为一朝之名号，支那为外人呼我之词。）

一、中华共和国为自由独立之国。

一、自由独立国中，所有宣战、议和、订盟、通商及独立国一切应为之事，俱有十分权利与大国平等。

一、立宪法，悉照美国宪法，参照中国性质立定。

一、自治之法律，悉照美国自治法律。

一、凡关全体个人之事，及交涉之事，及设官分职国家上下之事，悉准美国办理。

皇天后土，实共鉴之。

第七章　结　　论

我皇汉民族四万万男女同胞，老年、晚年、中年、壮年、少年、幼年，其革命！其以此革命为人人应有之义务！其以此革命为日日不缺之饮食！尔勿自暴，尔勿自弃！尔之土地占亚洲三分之二，尔之同胞有地球五分之一，尔之茶供全世界亿万众之饮料而有余，尔之煤供全世界二千年之燃料亦无不足。尔有黄娲之先兆，尔有种族之势力。尔有政治，尔自司之；尔有法律，尔自守之；尔有实业，尔自理之；尔有军备，尔自整之；尔有土地，尔自保之；尔有无穷无尽之富源，尔须自挥用之。尔实具有完全不缺的革命独立之资格，尔其率四万万同胞之国民为同胞请命，为祖国请命！掷尔头颅，暴尔肝脑，与尔之世仇满洲人，与尔之公敌爱新觉罗氏，相驰骋于枪林弹雨中，然后再扫荡干涉尔主权外来之恶魔，则尔历史之污点可洗，尔祖国之名誉飞扬，尔之独立旗已高标于云霄，尔之自由钟已鏜鏜于禹域，尔之独立厅已雄镇于中央，尔之纪念碑已高耸于高冈，尔之自由神已左手指天，右手指地，为尔而出现！嗟夫！天清地白，霹雳一声，惊数千年之睡狮而起舞，是在革命，是在独立！皇汉人种革命独立万岁！"中华共和国"万岁！"中华共和国"四万万同胞的自由万岁！

刘伯温《烧饼歌》曰：

手执大刀九十九，

杀尽鞑子方罢手！